Jens Schöne

Stabilität und Niedergang

Ost-Berlin im Jahr 1987

Berlin 2006

Schriftenreihe des Berliner Landesbeauftragten für die Unterlagen des Staatssicherheitsdienstes der ehemaligen DDR

Band 22

Umschlagfoto: Berlin (Ost)/DDR, 27.05.1987. Der Staatsratsvorsitzende und SED-Parteichef Erich Honecker steht bei der Ankunft der sowjetischen Delegation unter Leitung von Michail Gorbatschow auf dem Flughafen Schönefeld im Regen.
Quelle: StAufarb, Bestand Klaus Mehner, Nr. 87_0527_WP-Konf. 07

ISBN-10: 3-934085-25-1 bzw. ISBN-13: 978-3-934085-25-1

Der Berliner Landesbeauftragte für die Unterlagen des Staatssicherheitsdienstes der ehemaligen DDR, Scharrenstraße 17, 10178 Berlin

Inhalt

Vorwort

Auf den ersten Blick vermittelt die DDR des Jahres 1987 ein hohes Maß an Stabilität. Spätestens als Erich Honecker im September seinen offiziellen Besuch in der Bundesrepublik absolvierte, schien eines sicher: Der politische Status quo würde sich in absehbarer Zeit kaum verändern. Gleichwohl sollte nur zwei Jahre später eine friedliche Revolution die bestehenden Verhältnisse hinwegfegen.

Bis heute kann die historische Forschung nicht hinreichend erklären, warum im Laufe des Jahres 1989 immer mehr Einwohner der DDR auf die Straße gingen, ein Ende der SED-Diktatur forderten und letztlich die deutsche Einheit erzwangen. Konsultiert man die bisher erschienene Literatur zum Thema, so drängt sich mitunter der Eindruck auf, dass hier Entwicklungen fast ohne Vorgeschichte verliefen, die Friedliche Revolution einen weitgehend stabilen Staat traf. Das scheint jedoch wenig plausibel. Jeder, der die DDR der 1980er Jahre erlebt hat, wird sich an anderes erinnern: an unzufriedene Bürger, an zerfallene Innenstädte, an die allgemeine Mangelwirtschaft und an eine allein herrschende Partei, deren Führung schon lange jeden Kontakt zur Realität verloren hatte. Im Rückblick verblüfft, wie unanfechtbar das SED-Regime Mitte der 1980er Jahre noch erschien, denn tatsächlich waren bereits vielfältige und ausgeprägte Krisensymptome spürbar.

Insofern scheint es dringend angeraten, sich eingehender mit den mittelfristigen Bestimmungsfaktoren der Friedlichen Revolution auseinanderzusetzen. Die vorliegende Publikation unternimmt daher einen ersten Versuch, am Beispiel ausgewählter Themenkomplexe das prekäre Verhältnis von Stabilität und Stagnation in der DDR des Jahres 1987 zu gewichten. Der Besuch Honeckers in Bonn wird unter diesem Blickwinkel ebenso thematisiert wie die Opposition gegen die SED-Diktatur und die daraus folgenden Reaktionen der Staatsmacht. Da im Zentrum der Betrachtungen Ost-Berlin steht, kommt einem Thema besondere Bedeutung zu: der 750-Jahr-Feier der Stadt. Denn hier traf alles zusammen: eine pompöse Inszenierung, die ein modernes Staatswesen vorgaukelte, geheimdienstliche Maßnahmen, die diese Illusion stützten, und nicht zuletzt das schwierige Verhältnis zwischen dem Ost- und dem Westteil der Metropole. Erstmals wurden dazu Unterlagen des Ministeriums für Staatssicherheit ausgewertet – zum Teil mit verblüffenden Ergebnissen.

Die vorliegende Abhandlung kann nur ein Anfang sein; sie versteht sich ausdrücklich als Anregung zu weiterer Diskussion. Ich lade Sie daher herzlich ein, sich an dieser Diskussion zu beteiligen. Danken möchte ich vor allem den Zeitzeugen, die sich für die hier abgedruckten Interviews zur Verfügung gestellt haben und so weitere, detaillierte Einblicke in das Jahr 1987 ermöglichen.

Martin Gutzeit
Landesbeauftragter

1. Einführung. Der Schein von Stabilität

Die politischen Beobachter waren sich weitgehend einig, und die *Neue Zürcher Zeitung* brachte es auf den Punkt: „Auch die Ungeduld einer neuen Generation wird sich damit abfinden müssen, dass in Berlin alles auf lange Fristen angelegt ist.“[1] Seit mehr als einem viertel Jahrhundert teilte eine Mauer die Stadt, und längst hatte sich der überwiegende Teil der Bevölkerung an diesen Zustand gewöhnt. Nichts schien darauf hinzudeuten, dass sich daran in absehbarer Zeit etwas ändern würde. Gerade die doppelte 750-Jahr-Feier Berlins hatte gezeigt, wie groß die Unterschiede zwischen beiden Stadtteilen waren und wie erfolglos die ohnehin geringen Bemühungen, aufeinander zuzugehen.

Berlin blieb auch 1987 das, was es spätestens seit dem Mauerbau war: das unmittelbarste Symbol der deutschen Teilung. Auf engem Raum manifestierte sich hier zugleich die Teilung der Welt, wie sie sich in Folge von Welt- und Kaltem Krieg beständig verfestigte. Zwar hatten die Großmächte in jüngster Zeit einige Annäherungsversuche unternommen, doch änderte das nur wenig am Status quo. Dem demokratisch verfassten Westen standen noch immer die Länder unter sowjetischer Hegemonie gegenüber, und das geteilte Berlin bildete die wichtigste Schnittstelle zwischen beiden Lagern. Nur zwei Jahre später sollte sich die Lage jedoch grundlegend verändern, die Mauer fallen und Berlin wie Deutschland alsbald vereinigt werden. Auf den ersten Blick sieht es so aus, als seien es die kurzfristigen Entwicklungen des Jahres 1989, die zu dem fundamentalen Wandel führten. Dieser Gedanke ist zunächst nicht von der Hand zu weisen. Kaum jemand hätte am Beginn des Jahres vermutet, dass einige Monate später die seit Jahrzehnten allein herrschende Sozialistische Einheitspartei Deutschlands (SED) gezwungen würde, ihren Machtanspruch aufzugeben und die DDR in Folge einer friedlichen Revolution ihr schnelles Ende erleben würde. Die Lage mutete stabil an, anscheinend nichts deutete auf die kommenden Ereignisse hin.

Doch wie so oft trügt der erste Blick. Denn die Friedliche Revolution war nicht nur das Ergebnis kurzfristiger Entwicklungen. Zwar schien die Lage lange stabil, doch zeigten sich hinter der mühsam aufrechterhaltenen Fassade tiefe Risse. Als Erich Honecker im September 1987 in Bonn weilte, war das für viele Zeitgenossen ein Ausdruck der Stärke der DDR, doch der

[1] Neue Zürcher Zeitung (NZZ), 28.10.1987, zit. nach: Georg Holmsten, Die Berlin-Chronik. Daten, Personen, Dokumente, Düsseldorf 1990, S. 517f.

Generalsekretär musste es eigentlich besser wissen. Denn die Probleme häuften sich. Seit dem Amtsantritt Michail Gorbatschows hatte sich das Verhältnis zur Sowjetunion dramatisch abgekühlt. Damit büßte die DDR nicht nur weite Teile ihres Renommees beim wichtigsten Garanten der eigenen Existenz ein. Mindestens genauso schwer wog der Umstand, dass sich die SED-Führung den dortigen Reformen, der Politik von Perestroika und Glasnost, verschloss und Hoffnungen auf positive Veränderungen im eigenen Land kategorisch zurückwies. Das sollte sich rächen. Immer weniger DDR-Bürger waren bereit, einer Partei zu folgen, die beharrlich die Parolen der Vergangenheit wiederholte, für die Zukunft jedoch keine nachvollziehbaren Konzepte bereithielt. Als der allgemeine Unmut 1989 mit der aktiven Bereitschaft zur Tat einiger weniger zusammentraf, entwickelte sich daraus jene Dynamik, die schließlich zur Friedlichen Revolution führte.

So weit war es 1987 noch nicht, und es wäre verfehlt, das Jahr mit Blick auf die kommenden Ereignisse zu beurteilen. Noch schien alles möglich. Neben dem außenpolitischen Coup des Bonn-Besuchs demonstrierten vor allem die pompösen Feiern zum 750. Stadtjubiläum Berlins ein Selbstbewusstsein, das selten größer war. Als am 4. Juli der Historische Festumzug im Zentrum Ost-Berlins inszeniert wurde, war die Botschaft eindeutig: Die Geschichte der Menschheit hatte in der sozialistischen Hauptstadt einen Höhepunkt erreicht, und das ganze Land war auf dem Weg in eine lichte Zukunft. Der Preis für die Feierlichkeiten war aber hoch, letztlich zu hoch. Den finanziellen Aufwand konnte sich die DDR eigentlich nicht leisten, also wurden im Interesse der Hauptstadt die Regionen noch stärker als bisher vernachlässigt. Auch das trug zum Unmut der Bevölkerung bei, der die Parteiführung ohnehin nur bedingt vertraute. Ihr „Schild und Schwert“, das Ministerium für Staatssicherheit (MfS), hatte daher den reibungslosen Ablauf der Feiern zu sichern. Wie es das tat, hat zum Teil skurrile Züge und soll im Folgenden besondere Beachtung finden.

Bonn-Besuch und Berliner Stadtjubiläum sind Sinnbilder für eine vermeintlich stabile DDR. Doch zugleich wurden die Zeichen des Niedergangs immer deutlicher. Aktive Opposition gegen die SED-Diktatur hatte es immer gegeben, und auch 1987 war dies ein ständiges Ärgernis für das Regime. Daneben hätten unter anderem parteiinterne Untersuchungen für Unruhe sorgen müssen. Denn auch innerhalb der selbst ernannten „Avantgarde der Arbeiterklasse“ machte sich Missfallen breit. Ähnliches galt für die „normale“ Bevölkerung. Denn allzu offensichtlich waren die Diskrepanzen zwischen dem offiziellen Bild vom Leben in der DDR und der sozialistischen Realität, die weit unbefriedigender war.

Vor allem aber verlor das Land die Jugend. Auch wenn bislang nur wenige bereit waren, sich aktiv zu engagieren, machte sich doch ein Gefühl der Ohnmacht breit. Welche Zukunft würde man in einer DDR haben, die sich Reformen verweigerte, tumbes Mitläufertum belohnte und wenig innovatives Potenzial barg? Nur, wer sich den überholten Losungen und Ideen der Monopolpartei unterwarf, durfte auch an deren Segnungen teilhaben. Ansonsten blieben nicht zuletzt Karriere und Bewegungsfreiheit verwehrt. Die daraus resultierende Frustration entlud sich immer wieder, so zum Beispiel im Zusammenhang mit Pfingst-Konzerten vor dem West-Berliner Reichstag, die auch im Osten der Stadt auf Widerhall stießen. Unfähig, geeignete Konzepte zu entwickeln, griff der Staat mit aller Härte durch und verspielte so wiederum reichlich Kredit. Spätestens mit der „Schlacht um Zion", der Besetzung der Umweltbibliothek durch das Ministerium für Staatssicherheit und all ihren Folgen, wurde im November 1987 dann endgültig deutlich, dass ein Ausgleich zwischen der totalitär orientierten Partei und der zweifelnden Bevölkerung unter den gegebenen Umständen kaum noch möglich sein würde.

Insofern stellt sich in Bezug auf das Jahr 1987 die Frage, wie unanfechtbar die DDR denn nun tatsächlich war. Stabilität und Stagnation gingen offensichtlich Hand in Hand, Inszenierungen überdeckten die Probleme, und im Bedarfsfall setzte die politische Führung des Landes ihren Machtapparat konsequent ein, um die Realität an die Erfordernisse der Weltanschauung anzupassen. Doch ein solches Vorgehen, das sollte sich alsbald zeigen, war nicht geeignet, die Herausforderungen der Zukunft zu meistern und somit die eigene Herrschaft zu sichern.

Am Beispiel paradigmatischer Ereignisse des Jahres 1987 soll daher im Folgenden gefragt werden, in welchem Umfang der Schein das Sein dominierte, wie stabil die DDR jenseits der Inszenierungen war, und ob sich bereits Anzeichen für die Friedliche Revolution der Jahre 1989/90 finden lassen. Im Fokus steht dabei Ost-Berlin, doch werden auch Wechselwirkungen mit den Regionen der DDR an entsprechender Stelle Berücksichtigung finden. Zudem ist gerade für Berlin immer die Frage nach den Beziehungen zwischen beiden Stadtteilen, zwischen beiden politischen Systemen von Interesse. Denn die Mauer teilte die Stadt, unterband damit aber keineswegs alle Kontakte. Das wird insbesondere am Beispiel der doppelten 750-Jahr-Feier deutlich, trifft aber auch auf viele andere Bereiche zu. Als etwa im August 1987 militante Sozialismus-Gegner den Fall der Mauer provozieren wollten, wurde das tödliche Bauwerk verteidigt – von Ost-Berliner Grenzern und

West-Berliner Autonomen.[2] Die Trennlinien zwischen den zwei Stadthälften waren keineswegs immer so eindeutig, wie es die Theorie vorsah, und wurden in ihren Einzelheiten oftmals von den wechselnden Interessenlagen definiert. Dass diese Trennlinie nur noch kurze Zeit von Bestand sein sollte, konnte 1987 freilich niemand wissen. Doch die Idee ihrer Überwindung lebte durchaus, wie eine Äußerung Richard von Weizsäckers aus selbigem Jahr verdeutlicht: „Die Mauer, die sich mitten durch Berlin zieht, nimmt mit ihrer Lebensdauer an menschlicher Hässlichkeit und historischem Widersinn immer mehr zu. Der Gewöhnungseffekt, den sie bewirken sollte, ist ausgeblieben. Die Mauer ist, so lange sie steht, der täglich sichtbare Beweis dafür, dass die Zusammengehörigkeit lebt, die sie vergessen machen sollte. Die Teilung nicht nur der Stadt und des deutschen Volkes, sondern des ganzen Kontinents ist künstlich. Sie wird in der Geschichte keinen Bestand haben."[3]

Seit dem Ende der DDR ist viel darüber geforscht, gestritten und spekuliert worden, wie deren politisches System innerhalb so kurzer Zeit von einem begrenzten Teil seiner Einwohner herausgefordert und bezwungen werden konnte. Bis heute vermögen die vorliegenden Erklärungen nicht gänzlich zu befriedigen. Während das Jahr 1989 hinsichtlich seiner Bedeutung für den Zusammenbruch des SED-Staates breite Aufmerksamkeit in Wissenschaft und Publizistik gefunden hat, trifft das auf die davor liegende Zeit nur bedingt zu. In Zukunft werden auch die mittelfristigen Bestimmungsfaktoren der Friedlichen Revolution genauer erörtert werden müssen, um diese in ihren Einzelheiten erklären zu können. Das Jahr 1987 bildet dafür einen vielversprechenden, weil facettenreichen Ausgangspunkt. Denn in der Gleichzeitigkeit von Stabilität und Niedergang, die in den 1980er Jahren wohl nie stärker ausgeprägt war, zeigt sich auch die Vielfältigkeit der zu diesem Zeitpunkt bestehenden Möglichkeiten. Warum dann ausgerechnet jener Entwicklungspfad eingeschlagen wurde, der zum Untergang der DDR führte, bleibt abschließend zu klären. Im Folgenden soll genau dazu ein Beitrag geleistet werden, ohne Anspruch auf Vollständigkeit zu erheben. Weitere, detaillierte, regionale wie überregionale Studien müssen folgen, um Fortschritte erzielen und allgemeine Aussagen von Bestand treffen zu können.

2 Vgl. Mun-Anhänger stürmten gen Osten, in: die tageszeitung (taz), 10.8.1987, S. 4, sowie die Berichterstattung in den Folgetagen.

3 Richard von Weizsäcker, Von Berlin geprägt, in: Eberhard Diepgen (Hg.), 750 Jahre Berlin. Anmerkungen, Erinnerungen, Betrachtungen, Berlin 1987, S. 340-344, Zitat S. 343.

2. Stabilität

Das „Herz der Republik". 750 Jahre Berlin

Es war ein Unterfangen von wahrlich gigantischem Ausmaß. Am 4. Juli 1987 wälzte sich ein fünfstündiger Festumzug durch die Straßen Ost-Berlins. Er hatte eine Länge von über zehn Kilometern und vereinte mehr als 40.000 Mitwirkende. In 291 „Bildern" stellten diese Geschichte und Bedeutung (Ost-) Berlins dar, 375 Orchester sorgten für die musikalische Begleitung, und die zentrale Tribüne bot 2.000 ausgewählten Zuschauern einen Sitzplatz. Die Medien der DDR waren sich einig: „Zu einem einzigen Korso der Lebensfreude und des Friedenswillens, zu einem Riesenvolksfest, wie es die Stadt an der Spree noch nie erlebt hat, gestaltete sich am Wochenende der historische Festumzug zur 750-Jahr-Feier Berlins Über 700.000 Berliner und Gäste aus nah und fern sahen zwischen Brandenburger Tor und Strausberger Platz die großartige Revue als Sinnbild des Frohsinns und des Stolzes der Bürger unseres sozialistischen Staates."[4] Die Feiern zum Stadtjubiläum hatten am 1. Januar 1987 begonnen, und sie sollten am letzten Tag des Jahres enden. Der Historische Stadtumzug aber stellte den unbestrittenen Höhepunkt dar.
Entsprechende Aktivitäten im Westteil der Stadt nahmen sich dagegen eher bescheiden aus. Hier war frühzeitig die Entscheidung getroffen worden, auf allzu pompöse Selbstdarstellungen zu verzichten. Zu präsent waren die Erinnerungen an das Jahr 1937, in dem erstmals ein Stadtjubiläum mit großem Aufwand gefeiert worden war. Auch damals hatte es einen zentralen Festumzug gegeben: von den Nationalsozialisten zur öffentlichen Überhöhung der Volksgemeinschaft inszeniert. Von derartigen Sinngebungen suchte man sich in West-Berlin abzugrenzen und setzte daher – neben offiziellen Festakten und repräsentativen Ausstellungen – vor allem auf dezentrale Konzepte. Dabei sollte auch der Blick nach vorn, in die Zukunft, nicht vernachlässigt werden. Dass dies nicht immer zur Zufriedenheit aller gelang, zeigten die heftigen Auseinandersetzungen um den Skulpturenboulevard am Kurfürstendamm. Gleichwohl stand hier weit mehr als in den östlichen Stadtgebieten die Erinnerung an die Gesamtberliner Geschichte und die künftige Entwicklung der geteilten Metropole im Mittelpunkt.

[4] Phantastischer Festumzug zur 750-Jahr-Feier Berlins. Über 700.000 sahen den Riesenkorso der Lebensfreude und des Friedenswillens, in: Neues Deutschland (ND), 6.7.1987, S. 1.

De facto waren es somit zwei Jubiläen, die begangen wurden. Daher gab es auch zwei Bauausstellungen, zwei Wasserfeste (zumal am gleichen Tag), zwei internationale Bürgermeistertreffen und zwei Radrennen von hohem Prestige – um nur einige Beispiele zu nennen. Die zugrunde liegende Abgrenzung wurde jedoch nicht erst 1987 deutlich, sondern zeigte sich bereits in der Vorgeschichte der Feiern. Es gab durchaus Versuche, zu einem Mindestmaß an Abstimmung und im besten Fall auch zu einer Zusammenarbeit zwischen beiden Stadthälften zu gelangen. Doch diese Versuche scheiterten fast durchgängig. Zu unterschiedlich waren die zugrunde liegenden Konzepte, zu gegensätzlich die Zielstellungen, die damit verfolgt wurden.
Das wurde abermals deutlich, als sich nach jahrelangen Vorbereitungen im Februar 1985 das Komitee der Deutschen Demokratischen Republik zum 750-jährigen Bestehen von Berlin konstituierte. Sein Vorsitzender, Erich Honecker, machte unmissverständlich klar, dass die „Geschichte Berlins stets mit dem Kampf zwischen Fortschritt und Reaktion, zwischen den Kräften des Friedens und denen des Krieges“[5] verbunden gewesen sei. Daran habe sich bis zur Gegenwart nur wenig verändert, und das Stadtjubiläum würde abermals zeigen, wie unvereinbar beide Widersacher seien und wem die Zukunft gehöre. Dass er damit die sozialistische DDR und ihre Hauptstadt meinte, war allen Beteiligten klar. Entsprechend verliefen auch die Vorbereitungen auf die große Feier.

Stadtjubiläum und Systemkonkurrenz

Die Vorbereitungen auf das Stadtjubiläum hatten in Ost-Berlin bereits am Ende der 1970er Jahre begonnen. Spätestens 1985 traten sie in die heiße Phase, und schon hier wurde spürbar, welchen Charakter die Feierlichkeiten haben würden. Denn nicht Vertreter der Stadt, sondern das Politbüro der SED, de facto das höchste Machtgremium der DDR, entschied bereits im Vorfeld über alle wichtigen Fragen. Als es am 22. Januar 1985 zu seiner wöchentlichen Sitzung zusammentrat, standen als achter Punkt Maßnahmen zur Vorbereitung und Durchführung des 750. Jahrestages von Berlin auf der

5 Würdiges Jubiläum Berlins, das heute den Ehrennamen „Stadt des Friedens“ trägt. Rede Erich Honeckers, Generalsekretär des ZK der SED und Vorsitzender des Staatsrates der DDR, auf der konstituierenden Sitzung des Komitees der Deutschen Demokratischen Republik zum 750jährigen Bestehen von Berlin am 7. Februar 1985, Berlin 1985, S. 7.

Tagesordnung. Detailliert wurde nun festgelegt, welche Aufgaben zu erfüllen seien und wer dafür verantwortlich zeichnen sollte. Die Zuordnung ließ klar erkennen, worum es bei dem Stadtjubiläum eigentlich ging: die SED wollte vor allem sich, ihre Geschichte und ihre (vermeintlichen) Erfolge feiern. Um dies vorbehaltlos zu gewährleisten, sollten auch künftig alle wichtigen Festlegungen innerhalb der Partei getroffen werden; nur organisatorische Fragen von nachgeordneter Bedeutung oblagen den kommunalen Entscheidungsträgern der Hauptstadt. Dies entsprach den weiterführenden Zielstellungen, denn die Jubiläumsfeiern waren letztlich weniger als Stadt-, sondern vielmehr als Staatsfest konzipiert, das vor allem dem Zweck diente, die Überlegenheit der sozialistischen Gesellschaftsordnung zu demonstrieren: „Der 750. Jahrestag Berlins im Jahre 1987 ist als hervorragendes politisches Ereignis von nationaler und internationaler Bedeutung vorzubereiten. Das Jubiläum ist als ein Höhepunkt im gesellschaftlichen Leben der Deutschen Demokratischen Republik zu begehen. … Die Vorbereitungen auf die 750-Jahr-Feier werden genutzt, um durch eine eng mit den historischen Ereignissen und revolutionären Kämpfen Berlins verknüpfte politische Arbeit die Verbundenheit aller Bürger der DDR mit ihrer Hauptstadt noch enger zu entwickeln und mit neuen Initiativen zur allseitigen Stärkung der DDR und zur weiteren attraktiven Gestaltung Berlins beizutragen.“[6]
Derartige Ansprüche hatten weitreichende Folgen. Indem das Politbüro Berlin zugleich als das „Herz der sozialistischen Deutschen Demokratischen Republik“ definierte, suggerierte es, dass die Stadt ein wichtiger, letztlich aber gleichberechtigter Teil der DDR sei. Dass dies nicht der Realität entsprach, war der Bevölkerung wohl bewusst, und gerade im Zusammenhang mit der 750-Jahr-Feier sollte sich in aller Deutlichkeit zeigen, dass Berlin die Ausnahme, nicht die Regel war. Die Regel waren zerfallende Innenstädte, knappe Konsumgüter und eine provinzielle Miefigkeit. All das sollte in Berlin nun so weit wie möglich ausgeschlossen werden, und zu diesem Zweck wurden weder Kosten noch Mühen gescheut. Da die Kassen jedoch leer waren, musste man an anderer Stelle sparen. Die Bezirke der DDR sollten das drastisch zu spüren bekommen.

6 Protokoll Nr. 3/85 des Politbüros des ZK vom 22. Januar 1985, in: Stiftung Archiv der Parteien und Massenorganisationen im Bundesarchiv (SAPMO-BArch), DY 30/J IV 2/2/2.095. Vgl. grundlegend zu den folgenden Ausführungen: Krijn Thijs, Elastische Geschichte. Berlin und drei Erzählungen seiner Vergangenheit, unveröffentlichte Dissertation, Amsterdam 2005. Die Studie wird gegenwärtig zur Veröffentlichung vorbereitet und erscheint voraussichtlich 2007.

Doch noch war es nicht so weit. Zunächst galt es, in Anlehnung an die Vorgaben des Politbüros die zentralen Maßgaben für die Feierlichkeiten auszuarbeiten und dazu ein einheitliches, ein sozialistisches Bild der Berliner Geschichte zu konstruieren. Im Dezember 1985 wurde es als von Historikern ausgearbeitete „Thesen" der Öffentlichkeit präsentiert und damit auch der offizielle Startschuss für die Vorbereitungs-Phase gegeben. Wiederum war hierin klar erkennbar, dass zwar das Stadtjubiläum gefeiert werde sollte, es tatsächlich aber um viel mehr ging: „Möge das Jubiläum der Stadt dazu beitragen, den Sozialismus weiter zu stärken und damit den Frieden."[7]
Wie aber sollte man mit dem Umstand verfahren, dass der Sozialismus nur in einem Teil der Stadt regierte? Diese Frage wurde umso dringlicher, als die Jubiläumsvorbereitungen auch im Westteil Berlins immer konkretere Formen annahmen. Der dortige Senat hatte am 29. Januar 1985 die Gründung eines prominent besetzten Beirates zur 750-Jahr-Feier beschlossen und bald darauf einen umfangreichen Katalog möglicher Verhandlungsobjekte zwischen den beiden Stadtteilen erarbeitet. Die hierin vorgeschlagenen Maßnahmen umfassten die terminliche Abstimmung ebenso wie die Kooperation bei Veranstaltungen und die wechselseitige Erleichterung des Zugangs zu denselben. Ein Gastspiel des Berliner Philharmonischen Orchesters unter Leitung von Herbert von Karajan sollte Ost-Berlin ebenso angeboten werden wie die Koproduktion von historischen Filmen.[8]
Derartige Offerten standen jedoch im Widerspruch zu jener Politik, die von der SED-Führung verfolgt wurde. Im Bemühen, die Vorzüge des Sozialismus zu preisen, war von dieser frühzeitig entschieden worden, sich so weit wie möglich vom unmittelbaren Nachbarn abzugrenzen, einer Zusammenarbeit zwischen beiden Stadthälften eine klare Absage zu erteilen. Kontakte sollten lediglich über die zentrale Ebene der Partei abgewickelt und jegliche Spontaneität von vornherein ausgeschaltet werden. Argwöhnisch beobachtete daher auch das Ministerium für Staatssicherheit die Entwicklungen und berichtete im Juni 1985 mit einer gewissen Genugtuung, dass das angestrebte Konzept aufzugehen schien. Denn unzweideutig war auf einer internationalen Beratung des Ministeriums für Auswärtige Angelegenheiten der DDR mit den anderen sozialistischen Staaten das weitere Vorgehen in Bezug auf West-Berlin festgeschrieben worden: „Es sollten jegliche Kontakte zu Insti-

[7] 750 Jahre Berlin. Thesen, in: ND, 14./15.12.1985, S. 9-14.

[8] Aktennotiz vom 20.5.1985: Mögliche Verhandlungsobjekte für die Ost-West-Gespräche über die 750-Jahr-Feier, in: Landesarchiv Berlin (LAB), B Rep. 150, Nr. 153.

tutionen, Theatern, Akademien, Museen unter dem Motto ‚gemeinsame Vorbereitung' an der Basis unter Ausschaltung zentraler Organe vermieden werden. Bemühungen nach Herstellung innerstädtischer Kontakte sind zurückzuweisen …"[9]

Welch absurde Folgen sich aus einer derartigen, auf umfassende Abgrenzung abzielenden Vorgehensweise ergeben konnten, bemerkte im Folgejahr nicht zuletzt die Botschaft der Bundesrepublik in Neu Delhi. Ende Oktober wandte sich der dortige Botschaftsrat mit einem eindringlichen Schreiben an das Auswärtige Amt in Bonn und wies darauf hin, dass die DDR auf dem indischen Subkontinent intensiv für das Stadtjubiläum Berlins werben würde. Nur: Mit keinem einzigen Wort wurde dabei auf die Teilung der Stadt verwiesen oder gar die Existenz West-Berlins erwähnt. Als unmittelbare Folge, so fürchtete der Diplomat, würde daher unter den Lesern der Eindruck entstehen, dass „Berlin identisch ist mit Ostberlin, der ‚Hauptstadt der DDR'"[10]. Der von Honecker im Zusammenhang mit dem Stadtjubiläum postulierte Kampf zwischen Fortschritt und Reaktion wurde nicht nur in Berlin ausgetragen, sondern hatte inzwischen offensichtlich weltweite Dimensionen.

Gleichwohl bestand die Notwendigkeit, zwischen beiden Teilen der Stadt ein Mindestmaß an Abstimmung zu erzielen. Das lag auch und vor allem im Interesse Ost-Berlins. Man sah sich dort als einzig legitime Bewahrerin der historischen Traditionen und wollte dies durch spektakuläre Vorhaben auch nachweisen. Dennoch wurde das Bemühen deutlich, zum eigenen Nutzen organisatorische Eckpunkte mit dem Gegenüber abzuklären. Damit sollten störende Programm-Überschneidungen ebenso vermieden wie möglichst weitgehender Einfluss auf die Planungen in West-Berlin genommen werden. Ein derartiger Spagat zwischen offizieller Abgrenzung und inoffiziellen Absprachen brachte den Verhandlungsführer der DDR, Staatssekretär Kurt Löffler, immer wieder in schwierige Situationen. Bei den ab 1985 in unregelmäßigen Abständen durchgeführten Treffen kam er daher auch nicht umhin, seinem Gegenüber, dem Chef der West-Berliner Senatskanzlei, Detlef Stronk, die von ihm selbst zu vertretenden Positionen als „verkrampft" oder gar „verrückt" zu bezeichnen – eine in der Diplomatie eben-

9 Bericht der Bezirksverwaltung für Staatssicherheit Berlin, Oberst Hähnel, vom 26.6.1985, in: Archiv der Bundesbeauftragten für die Unterlagen des Staatssicherheitsdienstes der ehemaligen DDR (BStU), ZOS 2.697, Teil 1 von 2.

10 Schreiben an das Auswärtige Amt der Bundesrepublik Deutschland vom 29.10.1986, in: LAB, B Rep. 150, Nr. 442.

so ungewöhnliche wie eindeutige Aussage. Doch trotz der zahllosen Schwierigkeiten führten die Verhandlungen auch zu konkreten Ergebnissen. Zwar konnte etwa der ursprünglich verfolgte Plan, die im Westteil der Stadt startende Tour de France über das Territorium der DDR rollen zu lassen, nicht realisiert werden, doch ermöglichten die Absprachen immer wieder kurzfristige Problemlösungen und waren zudem ein Forum, in dessen Rahmen sich Fragen erörtern ließen, über die auf offizieller Ebene nur schwerlich zu verhandeln war. In den Gesprächen deutete sich aber sehr früh ein Problem an, das im Jubiläumsjahr auf Seiten der DDR immer wieder für Ungemach sorgen sollte: die bewusste Einbeziehung von West-Berliner Stadtgebieten, die unmittelbar an der Mauer lagen, in die Feierlichkeiten. Frühzeitig versuchte Löffler hier gegenzusteuern, freilich ohne großen Erfolg.[11]

So standen sich weit vor Beginn der eigentlichen Feierlichkeiten zwei Konzeptionen gegenüber, wie sie unterschiedlicher kaum sein konnten. Der Osten zielte auf Abgrenzung und trachtete ganz offen danach, mit dem Stadtjubiläum die Überlegenheit des eigenen Gesellschaftsmodells zu demonstrieren. Dazu sollte nichts dem Zufall überlassen werden. Die Organisation oblag der Partei, alle weiteren Beteiligten waren lediglich deren ausführende Organe. Unter den Bedingungen einer durch die Mauer geteilten Metropole sollte Weltoffenheit suggeriert werden, und das ganze Land hatte dazu Beiträge zu leisten. Die Stadt sollte sich im Namen des Staates feiern, 750 Jahre Berlin zugleich die Stabilität der DDR demonstrieren. Die Vergangenheit war Beweis für die Exzellenz der Gegenwart, für die Diskussion der Zukunft blieb da nur wenig Raum.

Die Vorbereitungen im Westteil hingegen entsprachen weit mehr dem eigentlichen Anlass, einem Stadtjubiläum. Von den Alliierten durchaus nicht unskeptisch beäugt, entwickelte sich eine breite Diskussion, die sowohl von der Bevölkerung als auch von den Medien getragen wurde. Die Bonner Regierung trug das ihrige bei, bekannte sich zur Verantwortung für die Inselstadt, hielt sich ansonsten aber im Hintergrund. Der wichtigste Unterschied zu den Ost-Berliner Aktivitäten war jedoch ein anderer: die Feiern sollten von Anbeginn genutzt werden, um die (historische) Verbundenheit zwischen beiden Stadtteilen zu zeigen und die Offenheit der Berlin-Frage zu demonstrieren.[12] Das sollte Folgen haben.

[11] Vermerk Stronks vom 27.6.1986 zum Gespräch vom gleichen Tage, in: ebd.

[12] Vgl. dazu das nachstehende Interview mit Eberhard Diepgen.

Historische Rückgriffe und sonstige Engpässe

Nach Veröffentlichung der „Thesen" im Dezember 1985 gewannen die Vorbereitungen im Ostteil der Stadt merklich an Fahrt. Entsprechend den zentralen Vorgaben wurde am 14. Januar 1986 zunächst eine SED-Parteikommission unter Leitung von Egon Krenz gebildet, der die weitere Vorbereitung der Jubiläumsfeiern oblag. Die Kommission entfaltete sofort vielfältige Aktivitäten und widmete sich bereits in einer ihrer ersten Sitzungen einem Problem, das sie nicht mehr loslassen sollte: „Vorliegende interne Hinweise lassen erkennen, dass sich auch die gegnerischen Kräfte umfassend auf die 750-Jahr-Feier vorbereiten."[13] Zwar konnte bis zum Abschluss des Stadtjubiläums nicht geklärt werden, wer genau denn die offiziellen Feierlichkeiten „umfassend" zu stören gedachte, doch traute man der eigenen Bevölkerung ganz offensichtlich nicht uneingeschränkt über den Weg. Gerade weil das Jubiläum die Überlegenheit des sozialistischen Gesellschaftssystems demonstrieren sollte, musste man aber vermeintliche wie tatsächliche „gegnerische Kräfte" von Anbeginn im Auge behalten – das Ministerium für Staatssicherheit wurde somit ein wichtiger, wenn auch nicht sichtbarer Bestandteil der Feiern und ihrer Vorbereitungen, denn ihm fiel genau diese Aufgabe zu.

Die Kommission hatte jedoch auch Grund zur Freude. Der von ihr ins Leben gerufene Organisationsstab erhielt zahlreiche Anregungen, wie die Feierlichkeiten auszugestalten seien, Hilfe wurde angeboten, und die massive Öffentlichkeitsarbeit erzielte ein großes Interesse am bevorstehenden Ereignis. Mitunter jedoch zeigte man sich verunsichert, denn die angebotene Unterstützung entsprach mitnichten den vorgegebenen Zielen. So wandte sich etwa im Februar 1986 ein Kapellmeister aus Mülheim an der Ruhr, also aus der ungeliebten Bundesrepublik, an das Rote Rathaus und bot für das Jubiläum ein Lied, ein extra komponiertes „Opus", unter dem Titel „Berlin ist meine Heimat" an. Im Jahr 1919 in Berlin geboren, schwelgte der Autor darin in seinen Jugenderinnerungen, übersah aber, dass die Stadt inzwischen geteilt war und gerade Ost-Berlin kein Interesse daran hatte, diese Teilung auch nur in Ansätzen infrage zu stellen. Insofern stießen die von ihm verfassten Zeilen, die das Stadtgebiet in seinem ganzen Umfang beschrieben, ohne Zweifel auf taube Ohren:

[13] Protokoll der Beratungen vom 4.2.1986, in: BStU, ZOS, Nr. 2.697, Teil 1 von 2.

„Ich spielte als Kind auf den Straßen Berlins
War stets bei den Streichen dabei.
Als Jüngling verkehrt' ich bei Kroll und bei Kliems;
Wie lange ist das schon vorbei.
Ich denk' an die Spree und den Landwehrkanal, an Wannsee und Grunewald.
Vergaß auch die Panke kein einziges Mal, ach Lanke, was bist du schon alt."[14]

Den Fluss Panke zu feiern, stand ohne Zweifel im Interesse der Ost-Berliner Organisatoren. Für die im Westteil der Stadt gelegene Lanke hingegen galt das Gleiche wie für jeden anderen Hinweis darauf, dass Berlin mehr war als nur die Hauptstadt der DDR – er wurde schlichtweg ignoriert. Eine Aufführung des Liedes war damit von vornherein ausgeschlossen, es verschwand für zwei Jahrzehnte in den Untiefen der Archive.
Gleichwohl steht die Komposition stellvertretend für viele andere Bemühungen unterschiedlichster Akteure, am Jubiläum und seiner Vorbereitung unmittelbar teilzuhaben. Das war von offizieller Seite prinzipiell durchaus gewollt. Die gleichgeschalteten Medien berichteten umfassend, publikumswirksame Wettbewerbe wurden ausgetragen – so etwa um den Namen des eigens geschaffenen Maskottchens –, und auch materiell sollte das Interesse stimuliert werden. Das hieß vor allem, die Versorgung der Bevölkerung in der Hauptstadt möglichst reibungslos zu gewährleisten. Nicht erst 1987, sondern bereits im Vorfeld musste dazu das allgemein knappe Warenangebot spürbar erhöht werden. Denn Ost-Berlin war nicht nur das von der Partei ernannte „Herz der Republik". Zugleich war es jene Stadt der DDR, die die meisten Touristen aus dem westlichen Ausland anzog. Unter dem Vorzeichen des Wettbewerbs zwischen beiden Stadthälften bestand somit die Notwendigkeit, die Geschäfte mit entsprechenden Angeboten zu versehen. Da der seit langer Zeit defizitäre Staatshaushalt nur einen geringen Spielraum ließ, musste an anderer Stelle gespart werden. Wiederum sollten die Bezirke der DDR die Leidtragenden sein und sich daraus im Jubiläumsjahr manch ablehnende Haltung entwickeln. Zunächst aber wurde breit investiert: Im vierten Quartal des Jahres 1986 wurden über das übliche Angebot hinaus unter anderem 80.000 Kalender mit Berliner Motiven, 480.000 Ansichtskarten, 100.000 Sammelbildmappen und 10.000 Steckmosaike an

[14] LAB, C Rep. 124-01, Nr. 337.

den Einzelhandel der Stadt ausgeliefert.[15] Doch trotz dieser Bemühungen war schon vor dem Jubiläumsjahr deutlich, dass Angebot und Nachfrage nicht in Einklang gebracht werden konnten; bei zahlreichen Produkten lag die Nachfrage des Handels zehn Mal höher als das von der staatlich gesteuerten Industrie bereitgestellte Angebot. Die Unzulänglichkeiten der sozialistischen Planwirtschaft konnten zwar bis zu einem gewissen Grade – und auf Kosten anderer – überdeckt werden, gelöst wurden die zugrunde liegenden Probleme damit aber keineswegs.

Trotz dieser wahrgenommenen Mängel schritt die Vorbereitung auf das Jubiläum selbstbewusst weiter voran. Ein wichtiger Bestandteil war dabei der Rückgriff auf die Geschichte, der freilich vor allem dazu diente, abermals die eigene Überlegenheit zu demonstrieren. Bereits seit dem Ende der 1970er Jahre hatte es in Ost wie West eine Rückbesinnung auf die Tradition gegeben, die sich in Ost-Berlin unter anderem in der Rekonstruktion des Gendarmenmarktes und des Boulevards Unter den Linden manifestierte. Vor allem aber hatte die neuerliche Aufstellung des Reiterstandbildes Friedrichs II. in eben jener Straße schon 1981 verdeutlicht, dass sich die SED nun der lange verschmähten Geschichte zu bemächtigen gedachte, um die eigene Herrschaft zu legitimieren. Und so spielte dieser Aspekt auch für das bevorstehende Stadtjubiläum eine wichtige Rolle. Sinnbild dafür wurde das Nikolaiviertel, das historisches Flair atmen sollte, zugleich aber weitgehend nach den Maßstäben des industriellen Bauens rekonstruiert wurde. Noch zu Beginn der 1980er Jahre war das Gelände zwischen dem Roten Rathaus und einem Spreearm weitgehend Brachland gewesen, dann jedoch wurde es zum Prestigeobjekt, dessen Wiederaufbau am 14. Mai 1987 mit der feierlichen Eröffnung der namensgebenden Kirche seinen offiziellen Abschluss finden sollte. Neben historisch verbürgten Gebäuden wie dem Ephraimpalais, dem Knoblauchhaus und der Gerichtslaube umfasste das Viertel nun auch annähernd 800 Wohnungen, 30 Geschäfte und 22 Gaststätten. Doch nicht die zentrale Lage hatte den Ausschlag gegeben, als es um die Frage der Rekonstruktion ging. Viel wichtiger war ein anderer Umstand: Mit dem Nikolaiviertel erstand ein überliefertes Zentrum der Stadt neu, das die Legitimität der Ost-Berliner Feierlichkeiten versinnbildlichen sollte. Zwar war die Frühgeschichte Berlins – bis hin zum Jahr der ersten urkundlichen Erwähnung – umstritten, doch war eines klar: Die Stadt war vor mehreren Hundert Jahren nicht aus dem Territorium des jetzigen West-Berlins erwachsen,

[15] Information des Stellvertreters des Oberbürgermeisters für Handel und Versorgung vom 10.9.1986, in: LAB, C Rep. 124-01, Nr. 4.

ihre Wurzeln lagen vielmehr weiter im Osten. Und, so die Logik der SED-Führung, damit waren auch die Feiern in ihrem Herrschaftsgebiet die einzig berechtigten; abermals grenzte man sich damit nicht nur von den Aktivitäten im Westen ab, sondern stilisierte sich zugleich zur einzig legitimen Erbin der Tradition. Die Berliner Geschichte hatte aus diesem Blickwinkel in der Hauptstadt der DDR ihren vorläufigen Höhepunkt erreicht, und dies sollte auch nach außen dokumentiert werden.[16]

Das Nikolaiviertel war aber nur eines von zahlreichen Bauvorhaben, deren Realisierung im Zusammenhang mit der 750-Jahr-Feier anstand. Daneben sollte unter anderem der westliche Teil der Friedrichstraße saniert und ebendort in internationaler Kooperation ein Grand-Hotel errichtet, der erste Bauabschnitt des Hauptbahnhofes (heute: Ostbahnhof) realisiert, Teile der Innenstadt rekonstruiert und der Wohnungsbau in den östlichsten Stadtteilen, in Hohenschönhausen, Hellersdorf und Marzahn, weiter intensiviert werden. Schon seit den frühen 1980er Jahren waren zu diesen Zwecken etwa 20.000 Bauarbeiter aus dem ganzen Land nach Berlin beordert und umfangreiche Kapazitäten gebunden worden. Allein im Zeitraum zwischen dem 1. Januar 1985 und dem 30. September 1987 wurden in der Stadt Bauleistungen in Höhe von insgesamt 19,2 Milliarden Mark realisiert.[17]

Doch trotz der immensen Konzentration der Potenziale forderten auch hier die Mängel der Planwirtschaft ihren Tribut. Als die daraus resultierenden Verzögerungen die fristgerechte Fertigstellung der Bauvorhaben ernsthaft in Gefahr brachten, rief dies das Ministerium für Staatssicherheit auf den Plan, das eine detaillierte Untersuchung einleitete. Der abschließende Bericht, der am 10. November 1986 vorgelegt wurde, zeichnete ein verheerendes Bild. Fertig gestellte Wohneinheiten seien nicht korrekt abgerechnet worden, Modernisierungsobjekte tauchten mehrfach in den Bilanzen auf, und überhaupt sei die Zahl der bezugsfähigen Wohnungen im Vergleich zum Vorjahr entgegen der Planungen deutlich zurückgegangen. Dem Bezirksbauamt wurde Führungsschwäche attestiert, offensichtlich habe es Fälle von persönlicher Bereicherung gegeben und zunehmend würde auf Mittel und Materia-

16 Vgl. Florian Giese, „Freude herrscht von Eisenach bis Wieck, denn in Berlin, da schlägt das Herz der Republik". Scheinpluralismus, Volksfeststimmung und Protest zur 750-Jahr-Feier in Ost-Berlin 1987, in: Deutschland Archiv (DA) 38 (2005), S. 660-667.

17 Bericht über die Verwirklichung des Beschlusses des Politbüros des ZK der SED vom 22. Januar 1985 zur Vorbereitung und Durchführung des 750. Jahrestages von Berlin vom 17.11.1987, in: SAPMO-BArch, DY 30/J IV 2/2/2.248.

lien zurückgegriffen, die erst für die kommenden Jahre bilanziert seien. Zudem würde das westliche Ausland immer größeres Interesse an den Bauvorhaben zeigen und dabei in „diffamierender Form“ öffentlichkeitswirksam über auftretende Probleme berichten. Besonders schwer wog in diesem Zusammenhang offenbar die Kritik am Neubau des Nikolaiviertels „unter dem Aspekt der Vernachlässigung denkmalpflegerischer Aspekte und mangelnder Detailtreue“; eine Kritik, die auch in der DDR „aus den Kreisen der Architektur und Denkmalpflege vertreten und ideologisch mit getragen“ werde. Neben der persönlichen Haftbarmachung leitender Verantwortlicher forderte der Bericht daher eine weitere Konzentration auf die Prestigeobjekte des Stadtjubiläums und zudem den Vorgriff auf Kapazitäten der Folgejahre – eine Maßnahme, die zuvor ausdrücklich kritisiert wurde und sich zu einem schweren Erbe der 750-Jahr-Feier entwickeln sollte.[18]

Vorerst blieb die Vorfreude auf das Jubiläum jedoch ungetrübt, und die Vorbereitungen schritten planmäßig voran. Trotz der allseits knappen Ressourcen wurde nicht gespart, wenn es darum ging, ein positives Bild der Hauptstadt zu zeichnen. Allein für den Kauf von Papier in der Bundesrepublik wurden 1986 755.000 Valuta-Mark zur Verfügung gestellt, hinzu kamen noch einmal 337.000 Valuta-Mark allein für Spezialpapier zum Druck der Sonderausgabe der *Neuen Berliner Illustrierten* (NBI), die sich 1987 als Verkaufsrenner erweisen sollte.[19] Internationale Künstler wurden in bisher nicht gekanntem Umfang eingeladen, und am 3. Oktober 1986 bat Erich Honecker auch Michail Gorbatschow, an den Feierlichkeiten persönlich teilzunehmen. Hintergrund dafür war unter anderem die Ankündigung aus West-Berlin, dass die englische Königin ebenso wie der amerikanische und der französische Präsident die dortigen Feiern besuchen würden. Mit Gorbatschow und weiteren Spitzenpolitikern aus den sozialistischen Staaten sollte dazu ein Gegengewicht aufgebaut, West-Berlin auch auf dem Feld internationaler Gäste übertroffen werden.

[18] Bericht vom 10.11.1986, in: BStU, ZOS, Nr. 2.697, Teil 2 von 2. Vgl. dazu auch Sonja Ecker, Die 750-Jahr-Feiern Berlins 1987. Vorbereitung, strategische Ziele und Berlin-Bild in Ost und West, Berlin 2001.

[19] Übersicht über die gelösten bzw. entschiedenen materiell-technischen Probleme in Vorbereitung der 750-Jahr-Feier von Berlin, in: SAPMO-BArch, DY 30/Büro Honecker, Nr. 2.568.

Der Blick nach Westen

Bestandteil der Jubiläumsvorbereitungen war eine genaue, argwöhnische Beobachtung der Aktivitäten in West-Berlin. Abermals machte sich hier das Ministerium für Staatssicherheit verdient, das Informationen zusammentrug und die SED-Führung über die relevanten Entwicklungen auf dem Laufenden hielt. So war diese nicht nur über die prognostizierten Kosten informiert – die sich im August 1986 auf 75,3 Millionen DM beliefen –, sondern konnte auf detaillierte Analysen ihres Geheimdienstes zurückgreifen, in der Konzeptionen, Pläne und Absichten des West-Berliner Senats gewichtet wurden. Besondere Aufmerksamkeit dürften dabei vor allem zwei Punkte erfahren haben. Einerseits wurde die klare Absicht der westlichen Schutzmächte deutlich, mit den Feierlichkeiten keine Aufwertung Ost-Berlins als Hauptstadt der DDR einhergehen zu lassen, sondern weiterhin den Bestand des Viermächtestatus' für ganz Berlin zu verteidigen. „Zu diesem Zweck wurden von ihnen für das Verhalten der westlichen Seite entsprechende Orientierungen und Maßnahmen erarbeitet. Danach soll die Teilnahme an staatlichen Feierlichkeiten oder gleichrangigen Ereignissen, die von der Regierung der DDR, vom Magistrat oder Oberbürgermeister Berlins organisiert werden, vermieden werden, ebenso Besuche beim Berliner Oberbürgermeister oder Eintragungen in das ‚Goldene Buch'. In Kommuniques und anderen Dokumenten soll kein Bezug auf Berlin als ‚Hauptstadt' oder Teil der DDR … genommen werden."[20] Derartige Absichtserklärungen standen in direktem Gegensatz zu den Bemühungen der SED-Führung, Dauerhaftigkeit und Stabilität auch für die Verhältnisse in Ost-Berlin zu demonstrieren, den Hauptstadtstatus der Teilstadt zu zementieren. Sichtbarstes Ergebnis dieser unterschiedlichen Zielstellungen war die gegenseitige Einladungspolitik. Zwar erfolgten wechselseitige Einladungen auf höchster politischer Ebene, lud etwa Erich Honecker den Regierenden Bürgermeister von West-Berlin, Eberhard Diepgen, im Oktober 1986 zum Staatsakt am 23. Oktober 1987 nach Ost-Berlin ein, doch scheiterten derartige Bekundungen durchgängig. Der rechtliche Status Berlins blieb grundlegend umstritten, und eine Anerkennung der gegnerischen Bestrebungen wollte letztlich keine Seite riskieren.

Einem zweiten Punkt, der auch von der Staatssicherheit als bedeutungsvoll herausgestrichen wurde, widmete die West-Berliner Politik im Rahmen ihrer

20 Informationen über westliche Auffassungen und Orientierungen zur 750-Jahrfeier Berlins vom 6.11.1986, in: BStU, ZAIG, Nr. 6.747.

Aktivitäten von Anbeginn große Aufmerksamkeit: „Die Mauer kann und darf die Mitte Berlins nicht zur Randlage machen. Deshalb finden wesentliche politische Vorhaben, kulturelle Veranstaltungen und das zentrale Fest in dem Bereich zwischen Landwehrkanal und Spree, zwischen Mauer und Großem Stern statt.“[21] Handschriftlich hielt das MfS fest, dass es sich bei diesem Bereich um die „Grenze“ handelte – und tatsächlich sollten sich im Jubiläumsjahr daraus wiederholt Probleme für die SED-Diktatur entwickeln, denn eine Mauer ließ sich zwar bauen, doch waren damit beide Stadtteile keineswegs hermetisch voneinander getrennt. Und dagegen ließ sich nur wenig machen. Die SED-Spitze war gewarnt, verhindern konnte sie die aus dieser Konstellation entstehenden Konflikte mit der eigenen Bevölkerung letztlich jedoch nicht.
Alles in allem wähnte sich die politische Führung der DDR am Ende des Jahres 1986 gut auf das bevorstehende Stadtjubiläum vorbereitet. Im Verlauf des Jahres hatten sich die Planungen ständig konkretisiert, man war bereit, die Stabilität des Status quo der Weltöffentlichkeit zu präsentieren. „Die 750-Jahr-Feier wird sich zu einem Fest des Friedenswillens und der Lebensfreude gestalten. Sie wird anschaulich zeigen, wie die Beschlüsse des XI. Parteitages der SED zum Lebensinhalt unseres Volkes geworden sind.“ Insgesamt waren 2.200 Veranstaltungen geplant, 331 Ausstellungen sollten stattfinden, 749 Gastspiele von internationalen Orchestern, Solisten und Ensembles waren angekündigt, und das Publikationsprogramm zum Jubiläum umfasste 247 Titel mit einer Gesamtauflage von 5,6 Millionen Exemplaren.[22] Auch im Westen der Stadt nahm man die herausragende Bedeutung der bevorstehenden Ereignisse für das politische System der DDR deutlich wahr: „Mit dieser Feier trägt Ost-Berlin sein Selbstbewusstsein deutlicher denn je zur Schau.“[23] Man war gut vorbereitet, die Spiele konnten beginnen.

21 Vorlage des Senators für kulturelle Angelegenheiten vom 19.8.1986, in: BStU, HA XX, Nr. 10.854.

22 Beschluss des Ministerrates vom 14.1.1987, in: LAB, C-Rep. 124-01, Nr. 309, Zitat ebd.

23 Mit VEB-Tourist zum Geschichtstest, in: taz, 25.11.1986, S. 19.

Euphorie und Überwachung

Der 1. Januar 1987 war ein kalter, grauer Donnerstag. Während es im Westteil der Stadt noch einige Monate dauern sollte, bis die offiziellen Feierlichkeiten zum Stadtjubiläum begannen, nutzte man dazu in Ost-Berlin bereits den ersten Abend des Jahres. Das Schauspielhaus auf dem Gendarmenmarkt war in gleißendes Scheinwerferlicht gehüllt, von den Türmen der benachbarten Dome erklang erstmals seit ihrer Restaurierung Bläsermusik, und die ausgewählten Besucher des bevorstehenden Konzerts wurden von Berliner „Originalen" begrüßt. Und so standen der Hauptmann von Köpenick, der Eckensteher Nante, die Blumenjette und der Schusterjunge (ohne Zweifel frierend) bereit, als der wichtigste Gast mit seiner Gattin auftrat: der Generalsekretär des ZK der SED, Vorsitzender des Staatsrates der DDR und Vorsitzender des Komitees der Deutschen Demokratischen Republik zum 750. Bestehen von Berlin, Genosse Erich Honecker. „Vom nahen Turme kündet's die Fanfare: Berlin wird siebenhundertfünfzig Jahre", grüßte die Blumenjette, und der Schusterjunge fügte hinzu: „Was gut war, ist bei uns in guten Händen, wir werden es bewahren und vollenden, und Freude herrscht von Eisenach bis Wieck: denn in Berlin, da schlägt das Herz der ganzen Republik."[24]

Wieder klang dabei jenes Motiv durch, das bereits die Vorbereitungen auf die Feiern geprägt hatte: das sozialistische Ost-Berlin als vorläufige Vollendung der Stadtgeschichte, das zudem Stolz und Vorbild des gesamten Landes repräsentierte und sicher in die Zukunft schritt. Der Grundtenor für die kommenden 364 Tage war damit auch öffentlich festgeschrieben und sollte im Jahresverlauf gebetsmühlenartig immer wieder erklingen. Da die politisch wichtigen Veranstaltungen aber noch bevorstanden, gehörte der Neujahrsabend ganz der Musik. Die versammelte Prominenz gab sich ebenso wie die anwesenden „verdienten Werktätigen" staatsmännisch, man lauschte gemeinsam den Werken von Carl Maria von Weber, Richard Strauß, Paul Lincke und zahlreichen anderen. Das hier zelebrierte „bedeutende gesellschaftliche Ereignis" sollte nicht zuletzt die Verbundenheit zwischen Partei und Volk eindrucksvoll demonstrieren und den Auftakt für fröhliche, ungetrübte und pompöse Feierlichkeiten markieren.

Von nun an sollten die Aktivitäten im Zusammenhang mit dem Jubiläum nicht mehr abreißen. „Rock für den Frieden" bildete nur zwei Wochen später den Auftakt des Jugendprogramms im Rahmen der 750-Jahr-Feier, An-

24 Stimmungsvolle Begrüßung vor dem festlichen Konzert, in: ND, 2.1.1987, S. 2.

fang März folgten hoffnungslos ausverkaufte Konzerte von Peter Maffay. Im Mai startete in Berlin die Friedensfahrt, das populärste Radrennen des Ostblocks, Anfang Juni folgte ein Internationales Bürgermeister-Treffen. Im Juli wurden der Historische Festumzug und das Berliner Wasserfest realisiert, von Mai bis August die „Bauausstellung der DDR“ gezeigt. An allen Wochenenden von Mai bis Anfang Oktober fanden im Stadtgebiet Volksfeste statt, und der Staatsakt am 23. Oktober bildete den politischen Höhepunkt der Feiern. Die Liste jener international erfolgreichen Musiker, die im Zusammenhang mit dem Jubiläum in die DDR kamen, war länger als je zuvor, darunter befanden sich José Carreras, Katja Ebstein, Udo Jürgens, Shirley Bassey, Carlos Santana, Bob Dylan, José Feliciano und Mikis Theodorakis. Opern-Ensembles aus Moskau, Wien, Kiew, Warschau, Oslo und Rom gaben Gastspiele, desgleichen Orchester aus London, Leningrad, Paris, Amsterdam, München und New York. Der Generalsekretär der Vereinten Nationen, Pérez des Cuéllar, besuchte die DDR ebenso wie Japans Ministerpräsident Nakasone, der finnische Staatspräsident Koivisto und zahlreiche Ministerpräsidenten bundesdeutscher Länder. Im Gegenzug absolvierte Honecker mehrere Staatsbesuche in westlichen Ländern, wobei dem Aufenthalt in Bonn selbstredend eine besondere Bedeutung zukam.
Alles deutete darauf hin, dass sich die DDR als anerkanntes Mitglied der internationalen Staatengemeinschaft etabliert hatte, innen- wie außenpolitisch ein hohes Maß an Stabilität aufwies und die Bevölkerung weitestgehend den Vorgaben der SED-Führung folgte. Die 750-Jahr-Feiern zeigten eine Normalität und Leistungsfähigkeit, die manchen überraschten, jedoch kaum infrage gestellt wurden. Aber so ungetrübt, wie es auf den ersten Blick erschien, war die Freude keineswegs. Denn fast zwangsläufig musste es Probleme geben, wenn sich ein eingemauerter Staat als weltoffen und flexibel präsentierte. Dem zu begegnen, war das Ministerium für Staatssicherheit angetreten und bereitete sich somit detailliert auf alle Eventualitäten vor. Dabei ließ auch der Geheimdienst keinen Zweifel an der Bedeutung des Stadtjubiläums und leitete daraus – im ganz eigenen Jargon – die grundlegenden Aufgaben ab: „Das 750jährige Bestehen von Berlin bildet 1987 einen politischen Höhepunkt im gesellschaftlichen Leben der Hauptstadt und der gesamten DDR. Als politisch-gesellschaftliches Ereignis von nationaler und internationaler Bedeutung sind im Prozess der politisch-operativen Sicherungsarbeit die Hauptanstrengungen auf einen störungsfreien Verlauf der Vorbereitung und Durchführung, insbesondere von Schwerpunktveranstal-

tungen entsprechend der spezifischen Verantwortung der Hauptabteilung, zu konzentrieren."[25]
Mit diesen Worten löste am 17. Februar 1987 der Leiter der Hauptabteilung XIX, Generalmajor Edgar Braun, für seine Mitarbeiter die Aktion „Jubiläum 750" aus und übermittelte zugleich einen umfangreichen Maßnahmeplan, der bis zu einer gesonderten Weisung gültig bleiben sollte. Darin wurde nicht nur allgemein die intensivierte Sammlung von Informationen sowie deren Auswertung gefordert, sondern ganz konkret eine Verstärkung der Überwachungsmaßnahmen angeordnet. Der „Missbrauch von Vervielfältigungs-, Fernschreib- und Beschallungsanlagen" sollte auf diesem Wege ebenso verhindert werden wie „Hetze, Staatsverleumdung, Demonstrativhandlungen". Es ist davon auszugehen, dass ähnliche Befehle auch in allen anderen Hauptabteilungen ergingen – die ohnehin strikte Überwachung sollte in Zeiten des 750. Stadtjubiläums noch einmal gesteigert und jegliche Störungen der sozialistischen Jubelparty von vornherein ausgeschlossen werden.
Die tschekistische Wachsamkeit wurde im Verlauf des Jahres tatsächlich immer wieder gefordert. Da der zuständige Minister, Erich Mielke, bereits im Vorfeld verlangt hatte, „besonders im Jahre 1987 in unserer Hauptstadt keine Provokationen und öffentlichkeitswirksamen antisozialistischen Aktivitäten und Handlungen zuzulassen"[26], eröffnete sich neben den üblichen Aktivitäten ein umfangreiches Tätigkeitsfeld. Denn immer wieder bekundeten Einwohner im öffentlichen Raum ihren Unmut über die bestehenden Verhältnisse. So hatten im Januar zwei Personen ausgerechnet vor dem Gebäude des Staatsrates ein Plakat mit der Aufschrift „Ausreise – wann?" entrollt und so versucht, ihrem Ansinnen nach einem dauerhaften Verlassen der DDR Nachdruck zu verleihen; in den Folgemonaten gab es zahlreiche weitere, ähnliche Vorkommnisse.[27]
Weitaus schwieriger als die nachträgliche Verfolgung vermeintlicher Vergehen gestaltete sich die Entwicklung vorbeugender Konzepte. Durchaus skurrile Züge nahm etwa eine Debatte an, die sich im Vorfeld des Historischen

[25] Maßnahmeplan der HA XIX vom 17.2.1987, in: BStU, HA XIX, Nr. 4.821; vgl. exemplarisch auch den Maßnahmeplan der HA II vom 26.2.1987, in: BStU, HA II, Nr. 30.171.

[26] Vgl. das Referat seines Stellvertreters, Rudi Mittig, auf der Sitzung des Sekretariats der SED-Kreisleitung vom 10.3.1987, in: BStU, SED-KL, Nr. 2.328.

[27] Beratung der Kommission Ordnung und Sicherheit „750 Jahre Berlin" des Ministeriums des Innern (MdI) am 4.3.1987, in: BStU, HA VII, Nr. 483, Bd. 1, Teil 2.

Festumzuges vom 4. Juli entwickelte. Die Gefahr, dass sich unter den mehr als 40.000 kostümierten Teilnehmern Unzufriedene befinden würden, die den allgemeinen Jubel stören könnten, wurde vom MfS offensichtlich als sehr hoch eingeschätzt: „Zu beachtender Schwerpunkt ist das Verteilen bzw. Werfen von historischen Flugblättern, Schriften und Zeitungen aus dem Festzug. Es ist zu verhindern, dass in subversiver Absicht unter der Tarnung von Kostümen Schriftgut verteilt wird." Eine solche Zielstellung erforderte selbstredend umfangreiche Maßnahmen, und so wurde unter anderem beschlossen, dass „alle Fahrzeuge, die im Festumzug mit kostümierten Teilnehmern fahren, mit je einem Mitarbeiter der Sicherheitsorgane"[28] zu besetzen seien. Dies konnte durchaus als Sinnbild für die Ost-Berliner Feiern gelten: Vordergründig herrschte ungetrübte Feststimmung, die Bevölkerung bejubelte scheinbar uneingeschränkt die sozialistische Hauptstadt der DDR. Tatsächlich jedoch stand dahinter der hypertrophe Sicherheitsapparat, der den ungestörten Ablauf im Sinne der SED-Führung gewährleistete. Obwohl offen bleiben muss, wie groß die Unzufriedenheit letztlich war, misstrauten die Parteispitze und ihr Machtapparat dem eigenen Volk trotz der allgemeinen Jubiläums-Euphorie in nicht unerheblichem Maße und sahen sich gezwungen, dagegen geeignete Schritte einzuleiten. Doch die Inszenierung war nahezu perfekt, die vorhandenen Probleme wurden öffentlich kaum wahrgenommen oder gingen im Taumel der Feierlichkeiten unter.

Zentrum und Regionen

Das Jahr 1987 war in Ost-Berlin ohne Zweifel reich an Höhepunkten. Um damit eine möglichst große Wirkung in der Öffentlichkeit zu erzielen, war bereits zuvor entschieden worden, Aktivitäten und Kapazitäten mit absolutem Vorrang auf die zentralen Ereignisse zu konzentrieren. Daher wurde den Stadtbezirken vom Magistrat „empfohlen", im Jubiläumsjahr keine Wohngebietsfeste auszurichten und auf Festumzüge zur Geschichte des jeweiligen Territoriums gänzlich zu verzichten: „Alle diesbezüglichen Potenzen werden im historischen Festumzug der Stadt konzentriert."[29]

[28] Zentraler Operativstab, 11.5.1987: Historischer Festumzug anlässlich der 750-Jahr-Feier Berlins am 4. Juli 1987, in: BStU, HA VII, Nr. 3.014.

[29] Konzeption des Magistrats für die Stadtbezirksfeste vom 11.8.1986, in: LAB, C Rep. 124-01, Nr. 4.

Auch sämtliche Bezirke der DDR hatten Beiträge unterschiedlichster Art zu erbringen. Zwar zelebrierte sich die Hauptstadt mit großem Aufwand, doch war sie keineswegs in der Lage, die dafür notwendigen Mittel aus eigener Kraft aufzubringen. Da das Jubiläum ohnehin die Überlegenheit des sozialistischen Systems, also des gesamten Landes, demonstrieren sollte, lag es gewissermaßen in der Logik der Sache, dieses auch an den Kosten zu beteiligen. Allerdings wurde nicht gefragt, inwiefern ein Interesse der Regionen an einem solchen Arrangement besteht. Vielmehr trafen Partei- und Staatsführung in der üblichen, zentralistischen Weise Entscheidungen, die nicht infrage gestellt werden konnten. Schließlich beliefen sich allein die Organisationskosten für die Feiern auf etwa 200 Millionen Mark, und ein solcher Betrag war unter dem Vorzeichen leerer Staatskassen nur mit großen Anstrengungen aufzubringen.
Doch die Begehrlichkeiten der Hauptstadt beschränkten sich nicht allein auf finanzielle Belange. An jedem Wochenende der Sommermonate hatten jeweils ein oder zwei Bezirke Feste in der Hauptstadt auszurichten. Dafür sollten zwar günstige „materiell-technische" Bedingungen geschaffen werden, jedoch änderte dies wenig an dem Umstand, dass auch die dabei anfallenden Kosten ebenso wie die logistischen Aufwendungen von den Bezirken zu tragen waren. Ost-Berlin ließ sich auf den Festen feiern, bezahlen mussten andere. Dabei konnten sich selbst geringe Eigenleistungen der Hauptstadt als schwer realisierbar entpuppen. So suchte etwa der Bezirk Halle mehrfach um Unterstützung bei seinem partnerschaftlichen Stadtbezirk Prenzlauer Berg nach, um die Unterbringung der 460 Teilnehmer (sowie sieben Pferde und zwei Esel) am Historischen Festumzug zu sichern. Erst auf mündliche wie schriftliche Mahnung ließ sich dies bewerkstelligen.[30]
Die Beiträge Berlins zu parallel laufenden Feierlichkeiten nahmen sich im Vergleich zu den eigenen Ansprüchen hingegen eher bescheiden aus. So feierte die thüringische Bezirksstadt Gera 1987 ebenfalls ihr 750-jähriges Gründungsjubiläum. Die Hauptstadt beteiligte sich daran mit einem fünftägigen „Berliner Markt" und steuerte fünf Elemente zum dortigen Festumzug bei. Die Gesamtkosten der diesbezüglichen Aktivitäten beliefen sich letztlich auf immerhin 3,6 Millionen Mark – der Betrag war jedoch nicht aus dem Berliner Haushalt entnommen, sondern Teil der Ausgaben für das eigene

[30] Vgl. dazu die relevanten Schreiben des Rates des Bezirkes Halle, in: ebd.

Stadtjubiläum. Auf Umwegen bezahlten so wiederum diejenigen mit, die zuvor Leistungen zu den Berliner Feierlichkeiten erbracht hatten.[31]
Die umfänglichen Forderungen der Hauptstadt an die Regionen blieben bei der Bevölkerung der DDR ebenso wenig unbemerkt wie die wachsenden Diskrepanzen zwischen der öffentlichen Inszenierung der Hauptstadt als sozialistischer Vorzeigemetropole und den eigenen, weitaus weniger befriedigenden Lebensumständen. Berlin feierte sich mit Pomp, die Republik hatte mit Engpässen vielfacher Art zu kämpfen. Dies sollte nicht ohne Folgen bleiben. Insbesondere im Süden des Landes, seit langem in Konkurrenz zum preußisch geprägten Zentrum stehend, regte sich Widerspruch. Alsbald tauchten Vignetten auf, die von „781 Jahre[n] Dresden" oder „1026 Jahre[n] Halle" kündeten, hörbar mit Berliner Akzent Sprechenden schlug kalte Missachtung entgegen, und aus der Hauptstadt kommende Autos liefen Gefahr, mit zerstochenen Reifen zu enden.[32] So harmonisch, wie es die Parteiführung suggerierte, war die Stimmung in der Republik mitnichten. Schon gar nicht fand das zur Staatsfeierlichkeit aufgeblähte Stadtjubiläum uneingeschränkte Befürwortung. Es gäbe, so hielt das MfS im Mai 1987 fest, „in steigender Tendenz kritische, mit zunehmender Schärfe vorgetragene Meinungsäußerungen, die sich auf Umfang und Aufwand der Vorbereitung und Durchführung der 750-Jahr-Feier der Hauptstadt der DDR einschließlich der Berichterstattung in den Medien darüber beziehen. ... Aus Vergleichen mit den Lebensbedingungen der Werktätigen in der Hauptstadt und in den Bezirken wird in einer Vielzahl von Meinungsäußerungen die Schlussfolgerung gezogen, Berlin lebe ungerechtfertigt auf Kosten der anderen Bezirke."[33] Derartige, als rein regionale Probleme eingeschätzte Vorkommnisse vermochten es jedoch nicht, die Inszenierung nachhaltig zu beeinflussen.

[31] Beschlussvorlage 410/87 des Magistrats vom 1.9.1987: Abschlussbericht zum Anteil Berlins an der 750-Jahr-Feier der Stadt Gera, in: LAB, C Rep. 124-01, Nr. 83.

[32] Vgl. Warum die Provinz so wütend ist, in: Welt am Sonntag, 26.2.1987; zu kritischen Wahrnehmungen innerhalb Berlins vgl. z.B. das nachstehende Interview mit Bärbel Bohley.

[33] Weitere Hinweise über Reaktionen der Bevölkerung in Zusammenhang mit dem 11. FDGB-Kongress vom 11.5.1987, in BStU, HA XVIII, Nr. 6.437.

Höhepunkte des Festprogramms

Nachdem die Jubiläumsfeierlichkeiten am 1. Januar eröffnet waren, reihte sich Veranstaltung an Veranstaltung. Ein „Friedensflug der 120.000 Tauben" gehörte dazu ebenso wie die „Tage der Volkskunst", das „Große Berliner Kinderfest", das „Fest der Bauarbeiter" und ein „Großer Zapfenstreich der NVA". Internationale Konferenzen widmeten sich neben Baufragen unter anderem der Physik, der Musik und der Weltgesundheit. Sportliche Höhepunkte bildeten die 40. Internationale Friedensfahrt, die Grünauer Ruderregatta, der XXV. Olympische Tag und das EM-Qualifikationsspiel zwischen den Fußballmannschaften der DDR und der Sowjetunion (das unentschieden endete und damit alle Hoffnungen der DDR beendete, doch noch bei der Europameisterschaft in der Bundesrepublik aufzutreten). Die Bühnen der Stadt erlebten eine wahre Premieren- und Gastspielflut, die Museen übertrafen sich gegenseitig mit neuen Ausstellungen, und trotz der auferlegten Beschränkungen fanden in allen Stadtbezirken Volksfeste statt. Insgesamt war das Angebot so umfangreich, dass dazu ein gesondertes, weit mehr als 300 Seiten umfassendes Buch herausgegeben wurde.[34]

Mindestens drei Veranstaltungen kam im Verlauf des Jahres – aus sehr unterschiedlichen Gründen – herausragende Bedeutung zu. Anfang Juni fand das Internationale Treffen der Bürgermeister statt, Anfang Juli der bereits erwähnte Historische Festumzug und am 23. Oktober der offizielle Staatsakt zum 750-jährigen Jubiläum der Stadt. Sollte das erste Ereignis die internationale Bedeutung und Einbindung Berlins (und damit der gesamten DDR) hervorheben, so bildete das zweite den populären und das dritte den politischen Höhepunkt der Feierlichkeiten.

Dem Bürgermeister-Treffen waren zahlreiche, teils widerstrebende Aktivitäten vorausgegangen, die nicht zuletzt deutsch-deutsche Befindlichkeiten berührten und sich somit von Anbeginn kompliziert gestalteten. Ursprünglich geplant als „Welttreffen der Oberbürgermeister der Hauptstädte zum Thema ‚Politik für den Frieden und das Wohl der Menschen'", kollidierten die Planungen frühzeitig mit den Vorbereitungen eines Bürgermeistertreffens unter dem Motto „Stadt der Zukunft" in West-Berlin. Daher wurde der Termin der Veranstaltung mehrfach vorverlegt, um auch hier in der Offensive zu bleiben. Insbesondere die deutsch-deutsche Einladungspolitik gestal-

[34] 750 Jahre Berlin. Das Buch zum Fest. Herausgegeben vom Komitee der Deutschen Demokratischen Republik zum 750jährigen Bestehen von Berlin, Berlin 1986. Siehe dort auch zu weiteren Einzelheiten.

tete sich in diesem Falle schwierig, da wiederum jene unterschiedlichen Intentionen zum Tragen kamen, die beide Stadthälften mit dem Gründungsjubiläum insgesamt verbanden. Nachdem Ost-Berlin in breitem Umfang Einladungen verschickt hatte, wurde deutlich, dass eine Gegeneinladung an den eigenen Oberbürgermeister, Erhard Krack, zur Veranstaltung in West-Berlin ausbleiben würde. Dies entsprach aus dortiger Sicht dem mit den Alliierten abgesprochenen Konzept, mit den Feiern keine Aufwertung des Ostteils der Stadt einhergehen zu lassen, sondern vielmehr den Viermächtestatus der Gesamt-Metropole zu bekräftigen. Eine Offerte an Krack in seiner Funktion als Oberbürgermeister der Teilstadt wäre eine solche Aufwertung gewesen, deshalb unterblieb eine Einladung, die Bürgermeister anderer Städte der DDR sehr wohl erhielten. Händeringend suchte man in Ost-Berlin nach einer Lösung, die Protest gegen dieses Vorgehen erkennen ließ, zugleich aber nicht zu einem Affront führte, der eine Absage potenzieller Teilnehmer anderer Länder am eigenen Treffen provozieren könnte. Denn Ziel war es, die globale Bedeutung der DDR zu demonstrieren, und dazu brauchte man ein möglichst internationales Teilnehmerfeld. Wiederum wurden hier die Schranken der eigenen Politik deutlich, die zwar auf Abgrenzung zielte, zugleich aber die politischen Realitäten anerkennen musste. Schließlich entschied sich die SED-Führung für einen Mittelweg: „Angesichts der Weigerung des Senats, den Oberbürgermeister der Hauptstadt Berlin zum Bürgermeistertreffen in Westberlin einzuladen, sollten von Seiten der eingeladenen DDR-Städte nur Magdeburg und Rostock (nicht Leipzig und Dresden) teilnehmen. Um einen Boykott des Bürgermeistertreffens in der Hauptstadt Berlin durch NATO-Staaten und andere westliche Länder zu vermeiden, sollte der UdSSR und den anderen Bruderländern empfohlen werden, alle Einladungen zum Bürgermeistertreffen nach Westberlin ebenfalls nur teilweise zu berücksichtigen.“[35]

Und so blieb das Teilnehmerfeld in beiden Fällen begrenzt; insbesondere die DDR aber feierte das eigene Bürgermeistertreffen als durchschlagenden Erfolg, der das internationale Renommee des Landes widerspiegelte. Stolz wurde vermeldet, dass Repräsentanten aus 168 Städten der Welt gekommen wären, um Berlin, der „Stadt des Friedens“, ihre Aufwartung zu machen. Darunter befanden sich auch Bürgermeister aus bundesdeutschen Städten, etwa aus Bremen, Hamburg, Köln, München und Stuttgart. Vor allem aber hatten befreundete, kommunistische „Bruderparteien“ Abgesand-

[35] Schreiben des DDR-Außenministers Oskar Fischer vom 3.3.1987 an Erich Honecker, in: SAPMO-BArch, DY 30/Büro Honecker, Nr. 2.568.

te geschickt; und um den Anschein aufrechtzuerhalten, in der ganzen Welt hohes Ansehen zu genießen, wurden auch frühere, nicht mehr amtierende Bürgermeister geladen oder untergeordnete Kommunalpolitiker als Gäste geführt. Dadurch wurde es nicht zuletzt möglich, auch Australien, die USA und zahlreiche weitere Staaten in die Teilnehmerliste einzutragen. Die schiere Menge der Gäste sollte ebenso wie deren unterschiedliche regionale Herkunft die uneingeschränkte Akzeptanz der DDR symbolisieren, und so ließ es sich Erich Honecker nicht nehmen, in seinem Toast auf die stabilen Verhältnisse im Lande und die Übereinstimmung zwischen Partei und Volk zu verweisen: „In voller Verantwortung darf ich hier feststellen, dass die freie Entfaltung der Persönlichkeit zugleich die Grundlage für das Staatsgefüge ist, das mit der Kraft des Volkes geschaffen wurde. Der Bürgerwille ist zur Staatspolitik geworden, und gemeinsam Gewolltes wird durch Bürgerfleiß gesellschaftliche Realität.“[36] Aus diesen Worten klang nicht nur eine Vorbildfunktion für andere Gemeinwesen durch, sondern vor allem die ungebrochene Überzeugung, auf dem Weg zu einer perfekten Gesellschaftsordnung zu sein. Das Gründungsjubiläum Berlins bot eine willkommene Gelegenheit, dies wahrnehmbar zu artikulieren und fungierte auch aus diesem Blickwinkel weniger als Stadt-, sondern vielmehr als Staatsfest.

Diente das Bürgermeistertreffen also in erster Linie dem Ansinnen, die internationale Bedeutung der DDR zu überhöhen, so sollte der offizielle Staatsakt am 23. Oktober 1987 vor allem innenpolitische Signalwirkung haben. Honeckers Empfang in der Bundesrepublik stärkte ihm auch im eigenen Land den Rücken, und so gerierte er sich staatsmännisch, als erfahrener Führer seines Volkes, dem nun endlich der verdiente Tribut vom politischen Gegner gezollt worden war. Die Lage schien stabiler denn je, und es war an der Zeit, dies nun abermals öffentlich zu bekunden. Schon allein die Liste der Veranstalter verdeutlicht, welcher Rang dem Ereignis beigemessen wurde. Nicht in erster Linie die Stadt (Ost-) Berlin trat als Ausrichter auf, sondern das Zentralkomitee der SED, der Staatsrat der DDR, deren Ministerrat, der Nationalrat der Nationalen Front, die Bezirksleitung der SED – und erst dann der Magistrat als kommunales Spitzengremium. Es kann letztlich nicht überraschen, dass ein Staatsakt nicht von den Stadtoberen ausgerichtet wird, doch bleibt die Frage, warum es einen solchen im Rahmen eines lokalen Jubiläums überhaupt geben musste. Und die Antwort lautet wiederum: Die Inszenierung sollte Legitimität des Regimes vortäuschen, die

[36] DDR ist ein zuverlässiger Partner aller Kräfte der Vernunft und des Realismus. Toast Erich Honeckers, in: ND, 2.6.1987, S. 3.

Loyalität der DDR-Bevölkerung stärken und mit dem Blick auf die Stadtgeschichte den Weg in die Zukunft eröffnen. Die Vergangenheit sollte die utopische Weltanschauung stützen. Der Staatsakt symbolisierte die Unverrückbarkeit der bestehenden Verhältnisse – nicht nur, aber vor allem gegenüber dem eigenen Volk.
Entsprechend äußerte sich Honecker: „Berlin ist die geachtete politische Metropole der deutschen Arbeiter- und Bauernmacht, die unser Volk als souveränen Gestalter seines Daseins berufen und befähigt hat. Hier regiert das Volk, hier regiert die Demokratie, die jedem, unabhängig von seinen sozialen und weltanschaulichen oder religiösen Bindungen, vielfältige Möglichkeiten bietet, zum Wohle des Volkes mitzuarbeiten, mitzuplanen und mitzuregieren. … Mit diesen Worten ist auch viel darüber gesagt, was wir wollen und was wir tun. Mögen die Deutsche Demokratische Republik und ihre Hauptstadt Berlin im Sozialismus weiter erblühen und gedeihen.“[37]
So sprach der Genosse Generalsekretär. Fraglich bleibt, ob das von ihm gezeichnete Bild tatsächlich mit den Lebenserfahrungen seines Volkes übereinstimmte. Insbesondere die weltanschauliche und religiöse Toleranz fand in der Realität nur wenig Entsprechung und sollte alsbald in der „Schlacht um Zion“ und ihren Folgen öffentlich wahrnehmbar zur Debatte stehen. Auch hier gilt, was bereits in anderen Zusammenhängen deutlich wurde: Vordergründig ergab sich ein Bild der Harmonie, der Stabilität, doch waren zahlreiche Konflikte bereits angelegt, die zwei Jahre später das Ende der DDR heraufbeschwören sollten. Mangelnde Demokratie gehörte ohne Zweifel dazu.

Der Historische Festumzug

Unter großem materiellem, finanziellem und logistischem Aufwand war das Jubiläum Ost-Berlins vorbereitet worden. Geld spielte keine Rolle, andere Aufwendungen ebenso wenig. Die Sonderversorgung der Stadt ging zu Lasten der Regionen, die sich zunehmend ungehalten zeigten. Doch der Mensch lebt nicht von Brot allein, also musste die Bevölkerung der Hauptstadt – stellvertretend für das gesamte Land – auch mit Spielen unterhalten werden. Unbestrittener Höhepunkt war dabei der Historische Festumzug

[37] Berlin widerspiegelt Schöpfertum und Fleiß eines freien Volkes auf freiem Grund. Festansprache Erich Honeckers auf dem Staatsakt der DDR anlässlich der 750-Jahr-Feier Berlins, in: ND, 24./25.10.1987, S. 3.

vom 4. Juli 1987. Wie jede andere Veranstaltung passte er sich in die Gesamtzielstellung ein, „vielfältige Möglichkeiten und Formen der Entfaltung sozialistischer kultureller Gemeinschaftserlebnisse“[38] zu präsentieren – sein unbestrittener Erfolg aber sollte letztlich aus gänzlich entgegengesetzten Gründen resultieren.

Seiner Stellung innerhalb der Jubiläumsfeierlichkeiten entsprechend, war der Umzug von Anfang an Chefsache. Für die Konzipierung und Vorbereitung zeichnete eine gemeinsame Arbeitsgruppe aus SED-Bezirksleitung und dem Magistrat Berlin unter Leitung von Günter Schabowski und Erhard Krack verantwortlich. Das Zentralkomitee der SED ließ sich informieren und bestätigte die Konzeption; wiederum hatte Erich Honecker die letzte Entscheidungsgewalt. Im März 1987 wurde er – ebenso wie das ZK – über die logistischen Einzelheiten in Kenntnis gesetzt und befürwortete diese. Dabei wurde deutlich, um welch gewaltiges Unternehmen es sich handelte: 10 Kilometer Länge, 5 Stunden Dauer, 41.663 Mitwirkende (davon 34.352 in Kostüm), 44 Themenkomplexe, 375 Orchester, 924 Fahrzeuge, 760 Pferde.[39] Die berechnete Marschgeschwindigkeit sollte exakt 2,2 Kilometer pro Stunde betragen. Der Umzug bildete sich weiträumig entlang der Friedrichstraße zwischen Oranienburger und Leipziger Straße, dafür waren zuvor zahlreiche Vorformierungs-, Formierungs- und Sonderformierungsräume definiert worden. Die offizielle Marschroute begann an der Karl-Liebknecht-Brücke unweit des Palastes der Republik, führte zum Alexanderplatz, an diesem vorbei und dann entlang der Karl-Marx-Allee zum Strausberger Platz. Hier, wo sich 1953 der Volksaufstand gegen die SED-Diktatur formiert hatte, löste er sich auf.

Mehr als 700.000 Zuschauer säumten am 4. Juli, einem trockenen und warmen Sommertag[40], die Marschroute. Die ersten Neugierigen hatten sich bereits am Morgen an der Strecke versammelt. Doch es gab klare Abstufungen. Alle zentralen Bereiche zwischen Liebknecht-Brücke und S-Bahn-

[38] Festlegungsprotokoll der Beratung der Arbeitsgruppe des Oberbürgermeisters „750 Jahre Berlin“ vom 15.8.1986, in: LAB, C Rep. 124-01, Nr. 4.

[39] Vorlage für das ZK der SED betreffs Informationen zum Festumzug am 4. Juli 1987, am 30.3.1987 an Erich Honecker ergangen, in: SAPMO-BArch, DY 30/Büro Honecker, Nr. 2.568. Eine detaillierte grafische Wiedergabe aller „Bilder“, Festwagen, Teilnehmer usw. findet sich in: Das Bilderbuch vom Festumzug, Berlin 1987.

[40] Für schlechtes Wetter war eine Umzugs-Variante von „nur“ 2,5 Stunden Länge erarbeitet worden, die wegen der günstigen Witterungsbedingungen aber nicht realisiert wurde.

hof Alexanderplatz waren nur mit einer (teuer produzierten und barocken Glanz verströmenden) Einladung zu betreten, besonders gesichert war der Bereich des 2.000 Sitzplätze umfassenden Bühnenkomplexes an der Spandauer Straße. Hier hatte die komplette Staatsspitze Platz genommen, dazu Vertreter des diplomatischen Korps, die 1. Sekretäre der SED-Bezirks- und Kreisleitungen, zahlreiche Ehrengäste, Veteranen der Arbeit, Trümmerfrauen und andere „verdiente Werktätige".

Der Festumzug wurde um 13:00 Uhr offiziell eröffnet durch einen Tanz der „Urberliner" um ein Mammut, durchzog dann Jahrhunderte der Stadtgeschichte und endete mit einem hoffnungsfrohen Ausblick auf ein atomwaffenfreies Jahr 2000. Nur etwa ein Drittel der Bilder widmete sich dem Zeitabschnitt von der Steinzeit bis ins Jahr 1945, der überwiegende Teil stellte die Errungenschaften des Sozialismus dar. Nach marxistisch-leninistischem Verständnis war die Geschichte ohnehin auf diese Gesellschaftsordnung zugelaufen, und so spielten die Arbeiterklasse und ihre Partei durchgängig eine herausgehobene Rolle. West-Berlin wurde gänzlich ausgeblendet, spielte nur im Hintergrund eine Rolle, etwa wenn die „imperialistische Spaltung" der Stadt oder deren Sicherung durch den „antifaschistischen Schutzwall" thematisiert wurden.

Zentraler Bestandteil waren die Grüße der Republik an die Hauptstadt. Obst und Gemüse aus dem Oderbruch wurden ebenso dargeboten wie Bücher aus Leipzig, Halbleiter aus Frankfurt, Fernseher aus Staßfurt und Pilsner aus Wernesgrün. Mit der Darbringung der Grüße erkannten die Regionen nicht nur das Supremat der Hauptstadt an; zugleich wurde diese als integraler Bestandteil der DDR bestätigt. Nicht der Viermächtestatus der Stadt wurde thematisiert, sondern die Rolle als Hauptstadt. Ost-Berlin als souveräne Metropole eines souveränen Landes – diese Botschaft sollte eindringlich vermittelt werden.

Doch trotz aller belehrenden Elemente: Der Historische Festumzug atmete ein für die DDR der 1980er Jahre geradezu untypisches Flair von modernen Elementen, unkonventionellen Ideen, luxuriöser Ausstattung und Liebe zum Detail. Er hatte fünf Millionen Mark gekostet, und das war ihm anzumerken. Das Publikum reagierte begeistert. Immer wieder tauchten Elemente auf, die der allgemeinen Erwartungshaltung im positiven Sinne widersprachen und freudige Überraschung auslösten. Die in den Ost- wie Westmedien vielfach zitierten barbusigen Frauen waren dafür nur ein Beispiel. Humorvolle Szenen aus der Gründerzeit sorgten ebenso für Heiterkeit und Staunen wie der Bäcker Kunz als Erfinder der Schrippe, eine Parade ferngesteuerter Fahrzeuge, ein rosaroter Elefant oder ein fahrendes Schwimmbecken. Die vielfältigen akrobatischen und künstlerischen Darbietungen taten ihr Übriges. Nicht nur Honecker nebst Gattin amüsierte sich prächtig – der Festumzug stieß bei den Zuschauern auf ein hohes Maß an Begeisterung.

Die ungetrübte Freude ergab sich jedoch nicht von allein. Neben den allgemein üblichen Sicherheitsmaßnahmen hatte das Regime schon im Vorfeld zahlreiche Schritte eingeleitet, um jegliche Störungen auszuschließen. Die Betonung von Demokratie, Moderne und Weltoffenheit beherrschte zwar die Oberfläche, darunter aber walteten unverändert diktatorische Macht, ideologische Engstirnigkeit und nicht zuletzt der Sicherheitsapparat. Auch am 4. Juli 1987 galt: „Das MfS unterstützt gemäß gesonderter Aufgabenstellung die Maßnahmen des Veranstalters zur Gewährleistung hoher öffentlicher Ordnung und Sicherheit im Veranstaltungsbereich."[41] Ausdrücklich in Zusammenhang mit dem Festumzug verstärkte es die ohnehin flächendeckende Überwachung und verfolgte alle Bestrebungen, die nicht im Einklang mit der offiziellen Jubelstimmung standen. Neben der bereits angeführten Besetzung jeglicher Festwagen wurden besonders als Unruhestifter Verdächtigte am 4. und 5. Juli ohne Vorliegen rechtlich relevanter Vergehen unter operative, also permanente Kontrolle gestellt und ihre Inhaftierung in Aussicht genommen. Auf Anraten des Geheimdienstes waren die Sicherheitsbereiche um die Ehrengäste sehr weitläufig definiert, kein Durchschnittsbürger der DDR konnte sich auf Sichtweite nähern. Reisesperren für missliebige Nicht-Berliner sollten ebenso konsequent realisiert werden wie die „straffe Durchsetzung [der] Zurückweisungspraxis unter Nutzung aller Anlässe".[42] Mehrere Tausend Kräfte des MfS waren im Einsatz. Zudem wurden dienstfreie Mitarbeiter ausdrücklich angehalten, sich in Zivil unter die Schaulustigen zu mischen und bei der geringsten Störung Meldung zu machen oder einzuschreiten.

Die Aufmerksamkeit der Kämpfer an der geheimen Front richtete sich allerdings nicht nur gegen die eigene Bevölkerung. Insbesondere die internationale Presse – und dazu wurden selbstredend auch Journalisten aus West-

[41] Sicherheitskonzeption zur Vorbereitung und Durchführung des Volksfestes anlässlich des 1. Mai 1987 im Rahmen der 750-Jahr-Feier der Stadt Berlin vom 3.4.1987, in: LAB, C Rep. 124-01, Nr. 191.

[42] Maßnahmeplan zur Gewährleistung des störungsfreien Ablaufes des Historischen Festumzuges (4.7.87) und der Historischen Markttage (4./5.7.87) anlässlich des Berlin-Jubiläums vom 2.7.1987, in: BStU, HA VI, Nr. 1.556. Vgl. zudem die relevanten Unterlagen in: BStU, HA VIII, Nr. 6.432.

Berlin gezählt – stand unter dem Generalverdacht, schädlich wirken zu wollen. Gesprächswünschen wurde daher nur nach genauer Vorbereitung stattgegeben und Zuschauerbefragungen während des Festumzugs weitgehend behindert. Kritische Stimmen konnten so kaum eingefangen werden. Daher zog das eigens eingerichtete Pressebüro auch ein positives Echo: Nicht einmal jene ständig akkreditierten Journalisten, die jenseits des abgesperrten Bereiches tätig werden konnten, hätten negativ berichtet.[43]

Und so fiel das interne Gesamtfazit durchweg positiv aus: „Das größte massenpolitische Ereignis im Jubiläumsjahr war der Historische Festumzug. . . Er war ein überzeugender und bewegender Ausdruck der Einheit zwischen Partei und Volk. Der gesamte Festumzug brachte die aktive Rolle der DDR bei der Durchsetzung und Verwirklichung des dynamischen Friedenskonzeptes zum Ausdruck. Er blieb nicht im Historischen stecken, sondern war zugleich eine beeindruckende Leistungsschau des Sozialismus entsprechend den Maßstäben, die durch die Politik des XI. Parteitages der SED gesetzt wurden."[44]

Genau daran sind Zweifel angebracht. Eine inszenierte Leistungsschau, die nicht die Realitäten abbildete, sondern Potemkinsche Dörfer baute, war kaum geeignet, als fortwährende Motivation für die Zukunft zu dienen. Ohne Zweifel hatte die Inszenierung den Zuschauern gefallen, doch war die damit erkaufte Loyalität kurzlebig und vor allem teuer. Nur zu schnell holte die Menschen der unbefriedigende Alltag wieder ein. Und daran wurde das Regime gemessen, nicht am Spektakel vom 4. Juli 1987. Besonders eindringlich zeigt das der Fall einer Familie aus Plauen, die den Umzug besucht hatte. Als es gegen 15.10 Uhr zu einem Unfall mit einem Pferdegespann kam, war davon vor allem deren schwerstbehinderte Tochter betroffen. Hinreichende ärztliche Hilfe erfolgte nicht, weder als Sofortmaßnahme noch im Laufe des Tages. Ergebnis war zwei Wochen später eine Operation, die eigentlich nicht notwendig hätte sein müssen. Daraufhin wandte sich der Vater an den Berliner Magistrat: „Wir sind seit mehr als 20 Jahren Genossen der SED, hatten viele Sorgen mit unserer geschädigten Tochter, stießen oftmals auf Unverständnis bei staatlichen Stellen, weil Wort und Tat bei

43 Thijs, Elastische Geschichte, S. 296.

44 Bericht über die Verwirklichung des Beschlusses des Politbüros des ZK der SED vom 22. Januar 1985 zur Vorbereitung und Durchführung des 750. Jahrestages von Berlin vom 17.11.1987, in: SAPMO-BArch, DY 30/J IV 2/2/2.248.

Hilfe für geistig Behinderte doch oft recht weit voneinander entfernt sind, und nun das! – Wir sind enttäuscht!“[45]
Wie die gesamten Feierlichkeiten, so hatte auch der Festumzug dazu gedient, ein Bild der DDR zu präsentieren, das Harmonie zwischen Partei und Volk nachweisen sollte. Wie die internationalen Presseberichte zeigten, war das vordergründig durchaus gelungen. Die DDR wurde als stabil geschildert, auf Dauer gesichert. Doch unter der Oberfläche brodelte es.

Die Jubiläumsfeiern in West-Berlin. Ein Überblick

Auch in West-Berlin hatte man frühzeitig mit den Vorarbeiten für das Gründungsjubiläum begonnen. Nachdem in den späten 1970er und frühen 1980er Jahren mehrere Versuche gescheitert waren, den Osten der Stadt zu gemeinsamen Feierlichkeiten zu bewegen, erarbeitete man Konzepte für separate Veranstaltungen. Dabei standen die Bemühungen im Mittelpunkt, die von der SED-Führung geschürte Wettbewerbsatmosphäre zu entschärfen und zugleich das Verbindende zwischen beiden Stadtteilen zu betonen. Doch nicht nur Ost-Berlin lehnte eine Zusammenarbeit ab, auch die westlichen Alliierten sahen die Annäherungsversuche durchaus skeptisch, da sie eine Einschränkung ihrer eigenen Handlungsmöglichkeiten befürchteten.[46] Im Januar 1984 schließlich setzte der Senat mit Ulrich Eckhardt offiziell einen Beauftragten für die 750-Jahr-Feier ein, und die Planungen nahmen konkrete Formen an. Ein Jahr später wurde ein prominent besetzter Beirat unter Vorsitz des früheren Bundespräsidenten Karl Carstens berufen, dem 20 Persönlichkeiten des öffentlichen Lebens angehörten. Von Anbeginn widmete man im Rahmen der Vorbereitungen der Abgrenzung von der nationalsozialistischen Jubelfeier des Jahres 1937 besondere Aufmerksamkeit. Daher wurde bewusst auf einen klassischen Festumzug verzichtet, und es wurden stattdessen dezentrale Konzepte bevorzugt. Ein weiterer Punkt, dem herausragende Bedeutung beigemessen wurde, war der Versuch, die gesamte Stadt nach wie vor als Einheit zu begreifen. Konkret hieß das unter anderem, dass möglichst viele Veranstaltungen in der Mitte der Metropole stattfinden sollten, dort, wo seit 1961 die Mauer stand. Das sollte Folgen haben.

[45] Eingabe der Familie L. vom 17.7.1987, in: LAB, C Rep. 124-01, Nr. 113.

[46] Vgl. Thijs, Elastische Geschichte, S. 131-135, sowie das Interview mit Eberhard Diepgen.

Die darüber hinausreichenden Ziele der Feiern legte der Organisationsstab wie folgt fest: Bei den West-Berliner Bürgern sollte die Identifikation mit der und Eigeninitiative für die Inselstadt verstärkt, bei den Bundesbürgern die positive Einstellung dazu vertieft und im Ausland das Interesse an der abgeriegelten Stadt intensiviert werden. Insgesamt hieß das: „Im Vordergrund des Programms der 750-Jahr-Feier steht die politische Standortbestimmung für Vergangenheit, Gegenwart und Zukunft. … Auf mögliche Abgrenzung reagieren wir mit Offenheit. Wir streben keine Konkurrenz zu den Feierlichkeiten in Ost-Berlin an, scheuen sie aber auch nicht, wenn sie sich aus dem freiheitlichen Charakter unseres Systems ergibt." Um diese Ziele zu erreichen, wurde der ursprüngliche Finanzierungsrahmen im August 1986 von 65 auf 75,3 Millionen Deutsche Mark erweitert.[47]
Im Gegensatz zu Ost-Berlin begannen die eigentlichen Feierlichkeiten 1987 spät im Jahr. Am 25. April eröffnete ein ökumenischer Gottesdienst den kirchlichen Teil des Jubiläums, und fünf Tage später markierte ein Festakt im Internationalen Congress Center (ICC) den offiziellen Beginn derselben. Bundeskanzler Helmut Kohl hielt eine Festansprache, die Botschafter der Westmächte hatten sich eingefunden, und alles in allem spiegelte der Festakt die West-Berliner Intentionen der Jubiläumsfeierlichkeiten wider: enge Bindung der Stadt an die westliche Welt, Nicht-Anerkennung Ost-Berlins als souveräne Hauptstadt und Streben nach einem möglichst engen Miteinander innerhalb der geteilten Stadt.[48]
Ähnlich wie im Ostteil der Stadt gab es auch in West-Berlin ein wahres Feuerwerk an Ausstellungen, Premieren, Gastspielen und sonstigen kulturellen Ereignissen. Ähnlich wie in Ost-Berlin berief man sich im Zusammenhang mit dem Jubiläum auf die Historie. Die Eröffnung der „Topographie des Terrors" Anfang Juli zeigte das ebenso eindringlich wie im Oktober die Enthüllung einer Stiftungstafel für ein künftiges Deutsches Historisches Museum. Gleiches galt für den Sport: Erstmals startete die Tour de France in Berlin, und das 27. Deutsche Turnfest brachte 120.000 Sportler in die Inselstadt. Und ähnlich wie in Ost-Berlin gab es auch Probleme: Geplante Baumaßnahmen – wie etwa eine Magnetbahn-Versuchsstrecke – gerieten

47 Vgl. 750-Jahr-Feier Berlin 1987. Plan zu Koordination und Öffentlichkeitsarbeit vom 26.6.1985, in: LAB, C Rep. 124-01, Nr. 331; Landespressedienst vom 19.8.1986: Aus der Sitzung des Senats, in: BStU, HA XX, Nr. 10.854, Zitat ebd.

48 Allg. zu den Abläufen in (West-) Berlin vgl. Hans J. Reichhardt, Chronik des Jahres 1987. Ereignisse in und um Berlin, in: ders. (Hg.), Berlin in Geschichte und Gegenwart. Jahrbuch des Landesarchivs Berlin 1988, Berlin 1988, S. 203-368.

heillos in Verzug, die Kosten überstiegen in vielen Bereichen die Kalkulationen, über die spätere Verwendung neu geschaffener oder restaurierter Objekte wurde heftig gestritten und einzelne Veranstaltungen mussten wegen ungesicherter Finanzierung abgesagt werden.[49]

Die Probleme konnten die allgemeine Feststimmung letztlich aber nicht trüben. Unter dem Namen „SternStunde“ wurden im August vier erfolgreiche Stadtfeste inszeniert, ein japanisches Feuerwerk auf dem Flughafen Tempelhof lockte fast 1,2 Millionen Zuschauer an, und selten hatte es so viele hochrangige Gäste gegeben. Der französische Staatspräsident Mitterand weilte Anfang Mai in der Stadt, Ende des Monats folgten Queen Elizabeth II. und ihr Gatte Prinz Philip. Besonders in Erinnerung bleiben sollte die Visite des amerikanischen Präsidenten Ronald Reagan am 12. Juni. Damit verbunden waren nicht nur umfangreiche Protestaktionen vor allem autonomer Gruppen, sondern auch seine viel zitierte Aufforderung an Gorbatschow, die Mauer niederzureißen und das Brandenburger Tor wieder zu öffnen. Was zu diesem Zeitpunkt wie ein historischer Anachronismus wirkte, sollte entgegen allen Erwartungen bereits zwei Jahre später Realität werden.

Die Gegend um das Brandenburger Tor hatte sich aber bereits einige Tage zuvor nachhaltig in das Stadtjubiläum eingeschrieben. Denn auf dem Platz der Republik vor dem Reichstag hatte vom 6. bis 8. Juni das „Concert for Berlin“ stattgefunden, bei dem unter anderem David Bowie, die Eurythmics, Genesis und zahlreiche weitere internationale Stars auftraten. Für West-Berlin war der Konzert-Marathon ohne Zweifel ein Höhepunkt innerhalb der Jubiläums-Aktivitäten, mehr aber auch nicht. Weit größer waren die Auswirkungen jenseits der Mauer. Auch hier hatten sich zahlreiche Jugendliche versammelt, um die Musik zu hören. Sie wurden jedoch massiv von den ostdeutschen Sicherheitskräften bedrängt. Daraus entwickelte sich eine Dynamik, die zu scharfen Auseinandersetzungen führte und den kollektiven Ruf „Die Mauer muss weg“ erschallen ließ. Volkspolizei und Staatssicherheit griffen mit aller Härte durch – was sich als weiterer Schritt auf dem Wege der Delegitimierung des SED-Regimes herausstellen sollte. Wiederholt gab es im Jubiläumsjahr Protestaktionen auf beiden Seiten der Mauer, die sich zum Teil auch gegenseitig inspirierten, doch kein Protest

[49] Information über den gegenwärtigen Stand der Vorbereitungen des Westberliner Senats auf die 750-Jahr-Feier vom 23.4.1987, in: BStU, ZAIG, Nr. 6.747.

offenbarte die angestauten Probleme annähernd so klar wie jener im Zusammenhang mit dem „Concert for Berlin“.[50]
Der 28. Oktober 1987 schließlich, der Tag der urkundlichen Ersterwähnung von Berlins Schwesterstadt Cölln, markierte den Abschluss der offiziellen Jubiläumsfeiern in West-Berlin. Nachdem Kohl und der Regierende Bürgermeister Eberhard Diepgen eine Gründungsvereinbarung für das zu schaffende Deutsche Historische Museum unterzeichnet hatten, stand am Abend die feierliche Einweihung des Kammermusiksaals der Philharmonie auf dem Programm. Vor dem Konzert der Philharmoniker unter Herbert von Karajan zog Diepgen ein kurzes Resümee der Feierlichkeiten. Dabei zeigte er sich zufrieden und betonte insbesondere, dass es im Wettbewerb zwischen beiden Stadtteilen keinen Sieger gegeben, sondern vielmehr die Stadt als Ganzes gewonnen habe.[51] Obwohl West-Berlin, das das Jubiläum tatsächlich als Stadtfest begangen hatte, mit dem Besuch des britischen Thronfolgers Prinz Charles und seiner Frau Diana noch ein öffentlichkeitswirksamer Höhepunkt bevorstand, waren die Feiern damit abgeschlossen.

[50] Vgl. dazu Kapitel 3.

[51] Reichhardt, Chronik des Jahres 1987, S. 337-340; zu den bis heute spürbaren Folgen des Stadtjubiläums vgl. das nachstehende Interview mit Eberhard Diepgen.

Spitzenpolitik. Erich Honecker in Bonn

„Der Empfang in Bonn im September 1987 war freundlich. Zum ersten Mal erklang die Staatshymne der DDR in Bonn; der Staatsflagge der DDR wurde die ihr zukommende Ehre erwiesen. Im Gegensatz zu Verlauf und Inhalt unserer bisherigen zweiseitigen Gespräche unter vier Augen waren allerdings die Reden von Kohl auf den offiziellen Empfängen grob gestrickt. Bekanntlich erwiderte ich dies auf einem der offiziellen Empfänge mit den in meiner Rede eingeflochtenen Worten: ‚Sozialismus und Kapitalismus lassen sich ebenso wenig vereinen wie Feuer und Wasser.'"[52]
Der 7. September 1987 war ohne Zweifel ein Höhepunkt im politischen Leben des Erich Honecker. Endlich, nachdem zuvor andere Anläufe gescheitert waren, wurde er mit allen Ehren in der Bundesrepublik empfangen. Sein Leben lang hatte der Generalsekretär der SED gegen den Kapitalismus gekämpft (oder das, was er dafür hielt), und nun, kurz nach seinem 75. Geburtstag, empfingen ihn dessen herausragende Vertreter auf gleicher Augenhöhe. Viele Jahre hatte die DDR um internationale Anerkennung gerungen, diese letztlich erlangt, und nun wurden die Bemühungen gekrönt. Im Verständnis Honeckers bedeutete das nicht weniger als die endgültige staatliche Anerkennung „seines" Landes, die Erringung der vollständigen Souveränität. Nie schien die DDR realer, nie stabiler. Doch wie so oft, lohnt auch hier ein Blick hinter die Kulissen.

Vorgeschichte

Honecker hatte sich schon Jahre zuvor Hoffnung gemacht, die Bundesrepublik offiziell bereisen zu dürfen. Seit Bundeskanzler Helmut Schmidt im Dezember 1981 zu einem Arbeitsbesuch in der DDR gewesen war, stand die Einladung zu einer Gegenvisite im Raum. Abermals zeigt sich jedoch, dass der außenpolitische Spielraum der zwei deutschen Staaten – wenn auch in unterschiedlichem Ausmaß – noch immer begrenzt war. Seit Ende der 1970er Jahre hatten sich die Beziehungen zwischen den Supermächten USA und Sowjetunion merklich verschlechtert, der Kalte Krieg zwischen

[52] Erich Honecker, Moabiter Notizen, Berlin 1994, S. 47. Zu den Einschätzungen des Besuchs durch seinen Gastgeber vgl. Helmut Kohl, Erinnerungen 1982-1990, München 2005, S. 544-579, zum Gesamtkomplex das nachstehende Interview mit Günter Schabowski.

Ost und West wieder einen Aufschwung erfahren. Der Stationierung sowjetischer Mittelstreckenraketen folgte der NATO-Doppelbeschluss. Im Dezember 1979 marschierten sowjetische Truppen in Afghanistan ein, die USA unterstützte deren dortige Gegner daraufhin in vielfacher Weise. Auch die Reaktionen des sozialistischen Lagers auf die Demokratiebewegung in Polen am Beginn der 1980er Jahre belasteten die Ost-West-Beziehungen schwer.
Versuche einer Annäherung zwischen den beiden deutschen Staaten wurden unter diesen Voraussetzungen nicht gern gesehen. Obwohl die SED-Führung jenseits der hauptsächlichen Konflikte weitere Probleme heraufbeschwor – etwa durch eine drastische Erhöhung der Mindestumtauschsätze für westliche Reisende in die DDR Ende 1980 –, herrschte doch ein gewisser Konsens im innerdeutschen Miteinander. Beide Seiten wollten eine weitere Normalisierung der Beziehungen erreichen. Neben der Frage staatlicher Anerkennung hatte die DDR dafür vor allem handfeste ökonomische Gründe, die Bundesrepublik wiederum setzte schon seit Willy Brandt auf Ausgleich zwischen beiden Staaten. Daran änderte sich auch nach dem Amtsantritt Helmut Kohls als Bundeskanzler im Herbst 1982 wenig. Im Gegenteil, auf verschiedenen Ebenen wurden die bilateralen Gespräche intensiviert, Kohl und Honecker tauschten Schreiben aus, insbesondere zu Fragen der Abrüstung. Noch im November 1982 erneuerte Kohl die Einladung Schmidts und sollte dies in den nächsten Jahren mehrfach bekräftigen.
Die scheinbare Nähe, die durch die Verhandlung der beiden Milliardenkredite der Bundesrepublik an die DDR in den Jahren 1983 und 1984 noch gesteigert wurde, war vor allem der Sowjetunion höchst suspekt. Unter der Regentschaft mehrerer siecher Generalsekretäre der dortigen kommunistischen Partei machte sich allseitige Lähmung breit – positive Veränderungen innerhalb der deutsch-deutschen Beziehungen wurden unter diesen Voraussetzungen nicht akzeptiert. Ein für 1984 bereits vorbereiteter Besuch Honeckers in Bonn wurde daher auf Betreiben Moskaus unter fadenscheinigen Gründen wieder abgesagt. Schon zuvor hatten sich Honecker und Kohl zu einem persönlichen Gespräch getroffen – im Februar gleichen Jahres am Rande der Beerdigung des jüngst verstorbenen KPdSU-Generalsekretärs Juri Andropow. Als nur ein Jahr später der nächste Generalsekretär, Konstantin Tschernenko, aus Altersgründen dahinschied, traf man sich bei der

Bestattung abermals in Moskau, und auch hier verlief das Gespräch konstruktiv.[53]
Nachdem Gorbatschow am 11. März 1985 in das höchste Parteiamt der Sowjetunion eingeführt wurde, ergaben sich wieder größere Spielräume für die deutsch-deutschen Beziehungen. Ironischerweise war er es gewesen, der Honecker 1984 in Moskau erläutert hatte, warum ein Besuch in der Bundesrepublik zu diesem Zeitpunkt nicht infrage käme. Nach seiner Wahl zum Generalsekretär stellte Gorbatschow sich einem solchen Ansinnen nicht mehr prinzipiell in den Weg, blieb aber zugleich die letzte Entscheidungsinstanz, wenn es um diese Frage ging. Spätestens als die Wahlen zum Deutschen Bundestag am 25. Januar 1987 die bestehenden politischen Verhältnisse bestätigten, und ein von Ost-Berlin wohl erhoffter Sieg der oppositionellen Sozialdemokraten ausblieb, rückte das Spitzentreffen in greifbare Nähe.

Innenpolitische Konzessionen?

Der Besuch Honeckers in Bonn diente ohne Zweifel der Demonstration außenpolitischer Stärke, doch seine Intentionen reichten weiter. Tatsächlich sollte er auch Signalwirkung nach innen haben, der eigenen Bevölkerung Stabilität und internationale Akzeptanz der DDR eindringlich vor Augen führen. Im Vorfeld zeigte sich die SED-Führung daher zu Zugeständnissen innerhalb des eigenen Herrschaftsbereiches bereit. Schon 1986 waren die Reisemöglichkeiten von DDR-Bürgern in die Bundesrepublik scheinbar erleichtert worden, im Juli 1987 beschloss der Staatsrat der DDR die Abschaffung der Todesstrafe und zudem eine Generalamnestie, in deren Folge mehr als 24.000 Personen aus dem Strafvollzug entlassen wurden und mehrere Tausend Verurteilte in anderem Umfang davon profitierten.[54] Begründet wurden die Maßnahmen mit dem „Wesen des sozialistischen Humanismus“: „Die Deutsche Demokratische Republik sichert das friedliche Leben

[53] Vlg. Detlef Nakath/Gerd-Rüdiger Stephan, Von Hubertusstock nach Bonn. Eine dokumentierte Geschichte der deutsch-deutschen Beziehungen auf höchster Ebene 1980-1987, Berlin 1995, S. 170-175, 215-220.

[54] Vgl. Falco Werkentin, Politische Strafjustiz in der Ära Ulbricht. Von bekennendem Terror zur verdeckten Repression, Berlin 1997, S. 361f.

des Volkes und gewährleistet die freie Entwicklung des Menschen, wahrt seine Würde und garantiert die in der Verfassung verbürgten Rechte."[55] Die politische Führung gab sich generös, und ihre Konzessionen wurden international fast ausnahmslos positiv bewertet. Doch es regten sich auch kritische Stimmen. So verwies Roland Jahn, selbst ehemaliger politischer Häftling in der DDR, auf das grundlegende Problem, dass die Bevölkerung der DDR Rechtssicherheit und nicht Gnadenakte bräuchte. Solange jede kritische Äußerung als öffentliche Herabwürdigung der staatlichen Ordnung bestraft werden könne, so lange nutzten Amnestien nur wenig.[56]
Zudem stand die „freie Entwicklung der Menschen" unter dem Vorbehalt bedingungsloser Zustimmung zum sozialistischen Gesellschaftssystem, wie insbesondere der Umgang mit den Reiseanträgen in die Bundesrepublik zeigte. Die Zahl der Besuche hatte sich erhöht, doch galten für deren Genehmigung die gleichen restriktiven Bedingungen wie schon zuvor. Der Staat allein entschied, faktisch ohne Einflussmöglichkeit der Betroffenen, und jeglicher Verdacht abweichenden Verhaltens war ein zwingendes Ausschlusskriterium. Denn trotz der vordergründigen Lockerungen, da waren sich die politische Führung und ihr Machtapparat einig, ging es „keinesfalls darum … dass so viel als möglich, sondern in erster Linie die richtigen Bürger der DDR reisen. Das heißt solche Bürger, bei denen wir die Gewissheit haben, dass sie unser Land im nichtsozialistischen Ausland würdig vertreten – und das im Rahmen der zu diesen Reisen getroffenen Festlegungen und nicht, wie nicht selten anzutreffen – entsprechend den Vorstellungen und Forderungen von Bürgern."[57] Nicht die Interessen der DDR-Bevölkerung entschieden über die Privatreisen, sondern die des SED-Regimes. Von einer freieren Reisepraxis konnte jenseits der Statistiken keinesfalls die Rede sein, denn nur wer sich bedingungslos unterordnete, durfte darauf hoffen, auf diesem Wege ins westliche Ausland zu gelangen. Der Unmut derjenigen, denen sich eine solche Möglichkeit verschloss, konnte so natürlich nicht gedämpft werden. Und auch die Abschaffung der Todesstrafe hatte einen bitteren Beigeschmack: Noch immer galt der Schießbefehl an der innerdeutschen Grenze. Jeder, der versuchte, auf diesem Wege der DDR den Rücken zu kehren, musste damit rechnen, sein Leben zu lassen. Denn trotz

55 Begründung zum Beschluss des Staatsrates der DDR über eine allgemeine Amnestie vom 17. Juli 1987, in: ND, 18./19.7.1987, S. 1.

56 Gnade und Recht. Zur Amnestie in der DDR, in: taz, 20.7.1987, S. 6.

57 Vortrag des Leiters der HA VII, Generalmajor Büchner, vor leitenden Angestellten der Kriminalpolizei am 28.1.1987, in: BStU, HA VII, Nr. 483, Bd. I, Teil 1 von 2.

kosmetischer Korrekturen war der Machtanspruch der SED-Führung auch Mitte der 1980er Jahre noch immer totalitär und schloss im konkreten Fall die Entscheidung über Leben und Tod mit ein. In dem Bemühen, ein günstiges Klima für das deutsch-deutsche Gipfeltreffen zu schaffen, wurde vorübergehend zwar auf allzu offensichtliche Repression verzichtet, doch schon wenige Monate später sollte sich in aller Deutlichkeit zeigen, dass es sich dabei nur um ein taktisches Manöver handelte.

Deutsch-deutsches Gipfeltreffen

Noch aber war es nicht so weit. Nichts sollte den als Arbeitsbesuch deklarierten Aufenthalt Honeckers in der Bundesrepublik trüben. Daher machte das Ministerium für Staatssicherheit bereits im Vorfeld potenzielle Störfaktoren ausfindig. Die Liste der hierbei entdeckten Gefahren war lang. So wurde unter anderem mit massivem Protest während Honeckers Besuch in seiner Geburtstadt Wiebelskirchen gerechnet: Gegner der SED-Diktatur würden in Sträflingskleidung auftreten, eine „Mini-Mauer“ würde errichtet, der Staatsratsvorsitzende mit „provokativen Menschenrechtsforderungen“ konfrontiert und „Karikaturen (Großformat) über die DDR“ deutlich sichtbar platziert werden.[58] Letztlich sollte Honeckers Visite in der Bundesrepublik trotz einzelner Protestaktionen weitgehend ungestört verlaufen, was nicht zuletzt durch verweigerte Reisemöglichkeiten für prominente DDR-Oppositionelle gewährleistet wurde, doch gänzlich ungestört verging sie nicht. Die sowohl von der Bundesrepublik als auch von der DDR offiziell zur Schau gestellte Gelassenheit bildete lediglich jene Fassade, hinter der es leise, aber spürbar brodelte.

Im Zusammenspiel zwischen beiden deutschen Staaten hatten sich im Verlauf der Jahre geregelte Verfahren herausgebildet, ohne dass damit der Status quo unwiderruflich festgeschrieben wurde. Die deutsche Frage war keineswegs endgültig geklärt, die völkerrechtliche Stabilität der DDR nicht auf Dauer gesichert. Dies galt umso mehr, als sich das Verhältnis zur Sowjetunion seit dem Amtsantritt Gorbatschows merklich abgekühlt hatte. Dessen Politik von Perestroika und Glasnost stieß bei Honecker auf kalte Ablehnung, stellte sie doch lieb gewonnene Gewissheiten infrage und barg sowohl innen- als auch außenpolitisch eine nicht zu unterschätzende Sprengkraft.

[58] Vgl. die entsprechende Analyse zu geplanten Störaktionen vom 30.7.1987, in: BStU, HA XX/AKG, Nr. 188.

Innenpolitisch befürchtete die SED-Führung unkontrollierbare Folgen jeglicher Demokratisierungsbestrebungen, außenpolitisch war es vor allem Gorbatschows Vision von einem „gemeinsamen europäischen Haus“, das die Abgrenzungstendenzen verstärkte – obwohl damit keineswegs eine Vereinigung der beiden deutschen Staaten in den Blick genommen war. Zwar wurde diese Idee in der Sowjetunion viel offener diskutiert als in der DDR, doch auf der politischen Tagesordnung stand sie nicht. Spätestens als im April 1987 der für Ideologie zuständige Sekretär des ZK der SED, Kurt Hager, in einem Interview die Politik der Sowjetunion mit einem Tapetenwechsel des Nachbarn verglich, den man nicht mitmachen müsse, war deutlich, wie tief das Zerwürfnis ging und wie wenig sich die politische Führung der DDR bereit zeigte, ihrerseits die eingefahrene Politik zu modifizieren.[59] Damit aber vernachlässigte sie eine Grundvoraussetzung ihrer Herrschaft, die von Anbeginn auf der bedingungslosen Unterstützung durch die Sowjetunion beruhte. Das sollte sich mittelfristig als Katastrophe erweisen.

Insofern galt den SED-Oberen der Zeitpunkt des Bonn-Besuches als günstig, denn potenziell konnte Honecker damit sein Renommee als Staatsmann auch gegenüber der Sowjetunion ausbauen. Vom 7. bis zum 11. September weilte er in der Bundesrepublik und traf dort eine illustre Schar von Gesprächspartnern. Der Bundespräsident Richard von Weizsäcker empfing ihn ebenso wie der bayerische Ministerpräsident Franz Josef Strauß und dessen saarländischer Amtskollege Oskar Lafontaine – um nur einige Namen zu nennen. Sichtlich gerührt besuchte der Staatsratsvorsitzende sein Geburtshaus (und seine Schwester) in Wiebelskirchen, traf sich im Stammsitz der Familie Krupp, der Villa Hügel in Essen, mit Honoratioren aus der Wirtschaft und stattete auch dem schwer kranken Herbert Wehner, den er seit seiner Jugend kannte, einen Besuch ab.

Einen besonderen Höhepunkt der Reise stellten die Treffen mit Kanzler Kohl dar, insbesondere das Galadinner am 7. September in Bad Godesberg. Das Ereignis wurde in beiden deutschen Staaten live im Fernsehen übertragen, und zu keinem anderen Zeitpunkt wurden die unterschiedlichen Auffassungen bezüglich der Deutschlandpolitik so offensichtlich wie hier. Kohl betonte in seinem Toast, dass sich trotz der gegenseitigen Annäherung nichts an den unvereinbaren Deutungen in grundsätzlichen Fragen geändert

59 Das Interview war in der Illustrierten Stern erschienen und wurde am 10.4.1987 im Neuen Deutschland nachgedruckt; vgl. ebd. Zur Frage der deutschen Einheit in der Sowjetunion vgl. z.B. Leningrad und Glasnost. Ein „Sowjetischer Tag“ im ZDF, in: Frankfurter Allgemeine Zeitung, 15.10.1987, S. 28.

habe. Anschließend fügte er unmissverständlich hinzu: „Die Präambel unseres Grundgesetzes steht nicht zur Disposition, weil sie unserer Überzeugung entspricht. Sie will das vereinte Europa, und sie fordert das gesamte deutsche Volk auf, in freier Selbstbestimmung die Einheit und Freiheit Deutschlands zu vollenden. Das ist unser Ziel." Dem hatte Honecker wenig Substanzielles zu entgegnen. In bekannten Worten, mit Fistelstimme und hölzernem Gesicht mahnte er dazu, die Realitäten zu akzeptieren und die Beziehungen zwischen den beiden deutschen Staaten zu normalisieren. Die „Unverletzlichkeit der Grenzen und die Achtung der territorialen Integrität und Souveränität aller Staaten in Europa in ihren gegenwärtigen Grenzen [sei] eine grundlegende Bedingung für den Frieden", für den die DDR ohnehin ununterbrochen kämpfen würde.[60]
Der Generalsekretär bot an jenem Abend beileibe keine überzeugende Vorstellung, doch darauf kam es letztlich auch gar nicht an. Allein, dass er hier saß, als gleichberechtigter Gesprächspartner, transportierte die wichtigste Nachricht: Er, nicht der Reformer Gorbatschow, wurde zuerst in der Bundesrepublik empfangen. Dies schien die Richtigkeit der SED-Politik zu bestätigen, beseitigte manchen Zweifel. Die DDR schien endgültig in der internationalen Staatengemeinschaft angekommen, der Besuch in Bonn würde weitere Türen im westlichen Ausland öffnen. Das gab durchaus Anlass, hoffnungsfroh in die Zukunft zu schauen.
Doch zunächst musste sich Honecker unangenehmeren Themen widmen. Nachdem am Vortag bereits im kleinen Kreis über den Schießbefehl gesprochen worden war (den er selbstredend leugnete)[61], traf man sich am 8. September erneut. Hier reagierte Honecker auf Kohls Ausführungen weit staatsmännischer als am Abend zuvor: Hatte die allgemeine Amnestie nicht erst kürzlich deutlich gemacht, dass es in der DDR keine politischen Gefangenen mehr gibt? Unter den Entlassenen seien Personen, „die den Wunsch haben, in die BRD überzusiedeln"? In diesem Falle würde die Ausreise aus der DDR selbstverständlich „ohne Vorbehalte" gestattet werden. Die Bundesrepublik erbittet ergänzende Gespräche bezüglich der Familienzusammenführungen? Darüber könne man natürlich reden. Weitere Anliegen sollten zur Prüfung übermittelt werden. Man werde sich den Problemen wohlwollend widmen. So zeichnete Honecker das Bild einer toleranten, weltof-

[60] Alle Zitate in: ND, 8.10.1987, S. 3. Wesentliche Unterlagen (einschließlich der Redemanuskripte) zum Bonn-Besuch finden sich in: SAPMO-BArch, DY 30/Büro Honecker, Nr. 2.397.

[61] Kohl, Erinnerungen 1982-1990, S. 573f.

fenen DDR-Führung, die zu umfassenden Gesprächen bereit sei. Sicher gebe es Probleme, doch könnten diese im gemeinsamen Dialog gelöst werden. Die Zeiten des Kalten Krieges zwischen beiden deutschen Staaten seien schließlich vorbei, was sich auch unmittelbar auf die Innenpolitik der SED niederschlage: „Aus politischen oder Gewissensgründen bleibe niemand in Haft.“[62] Das entsprach freilich nicht den Tatsachen, sollte jedoch die Stabilität der Verhältnisse abermals verdeutlichen. Denn wenn alle politischen Gefangenen auf einen Schlag entlassen wurden, dann gab es wohl kaum noch Gründe, diese zu fürchten. Das war zumindest der Eindruck, den Honecker nicht ohne Erfolg zu vermitteln versuchte.
So verlief der Besuch in der Bundesrepublik letztlich zur vollen Zufriedenheit der ostdeutschen Seite. Zwar wurden nur bilaterale Verträge von nachgeordneter Bedeutung unterzeichnet – etwa zum Strahlenschutz und zur wissenschaftlich-technischen Zusammenarbeit –, doch war dies ohnehin nicht der entscheidende Punkt. Viel wichtiger war, dass Honecker hochoffiziell und wiederholt die Sicht der DDR hatte zur Kenntnis geben können: „Es müsse von den Realitäten, von der Existenz zweier voneinander unabhängiger souveräner Staaten mit unterschiedlicher Gesellschaftsordnung und Bündniszugehörigkeit ausgegangen werden. Alles andere seien Wunschträume.“[63] Wie er auch später sehr richtig bemerken sollte, waren Kapitalismus und Sozialismus tatsächlich nicht vereinbar. Bereits 1990 sollte sich das in aller Deutlichkeit zeigen – doch unter gänzlich anderen Vorzeichen als von Honecker diagnostiziert.
Anzumerken bleibt, dass die Freude über den gelungenen Coup letztlich doch nicht ganz ungetrübt blieb. Ausgerechnet innerhalb der SED wurde „eine beträchtliche Anzahl“ von kritischen Stimmen laut. Insbesondere unter älteren Parteimitgliedern – die auf allen Leitungsebenen und vor allem in Spitzenfunktionen weit überproportional vertreten waren – machten sich „gewisse Befürchtungen“ breit. Zwar wurde dem Besuch durchgängig „historische Bedeutung“ zugeordnet, zugleich aber in zwei Punkten harsche Kritik geübt. Einerseits befürchtete man, wie das Ministerium für Staatssicherheit feststellte, dass die DDR in ihrem Bemühen um internationale An-

[62] Niederschrift über die Gespräche des Generalsekretärs des ZK der SED und Vorsitzenden des Staatsrates der DDR, Genossen Erich Honecker, mit dem Bundeskanzler der BRD, Helmut Kohl, am 7. und 8.9.1987 in Bonn, in: SAPMO-BArch, DY 30/Büro Honecker, Nr. 2.397.

[63] Anlage Nr. 1 zum Protokoll Nr. 37 der Politbüro-Sitzung des ZK der SED am 15.9.1987, in: ebd.

erkennung bezüglich „ihrer Kompromissbereitschaft … zu weit gehe“. Der zweite Kritikpunkt wog ungleich schwerer: „Mit Besorgnis wird die Frage aufgeworfen, ob der Bewusstseinsstand der DDR-Bevölkerung bereits so weit entwickelt sei, dass die im Zusammenhang mit dem Prozess der weiteren Normalisierung der Beziehungen DDR – BRD angekündigten und vereinbarten Maßnahmen, besonders auf humanitärem Gebiet und im Rahmen der ökonomischen Zusammenarbeit, ohne ‚ideologische Einbrüche‘ unter Teilen der Bevölkerung verwirklicht werden können. Längerfristig seien negative ideologische Auswirkungen besonders im Ergebnis der Intensivierung von Kontakten mit der BRD zu erwarten.“[64]
Honecker hatte in Bonn das Bild einer gefestigten, stabilen DDR gezeichnet, und die Mehrheit der politischen Beobachter dürfte diesen Eindruck geteilt haben. Doch die von ihm geführte Partei misstraute (wie schon beim Berliner Stadtjubiläum) der eigenen Bevölkerung und war sich offensichtlich auch bewusst, dass sie dazu allen Grund hatte. Immer wieder war im Verlauf des Jahres 1987 deutlich geworden, dass es weit reichende Diskrepanzen zwischen Herrschaft und Gesellschaft in der DDR gab. Davon drang wenig nach außen, oder es wurde als Unmutsbekundung Einzelner gewertet. Tatsächlich jedoch gingen die Verwerfungen viel tiefer, als dies auf den ersten Blick erkennbar wurde.

64 Zusammenfassende Hinweise des MfS zu Reaktionen der Bevölkerung anlässlich des Honecker-Besuches in der Bundesrepublik vom 16.9.1987, zitiert nach: Nakath/Stephan, Von Hubertusstock nach Bonn, S. 338-348.

3. Niedergang

Alte und neue Herausforderungen

Am 26. April 1986 explodierte Block 4 des Kernreaktors unweit der ukrainischen Stadt Tschernobyl. Eine unbekannte Menge radioaktiven Materials wurde in die Atmosphäre geschleudert und kontaminierte weite Teile Europas. Wie gewohnt, leugnete die kommunistische Partei- und Staatsführung in Moskau zunächst jegliche Probleme. Doch die Auswirkungen der Katastrophe waren zu eindeutig, ein Eingeständnis letztlich nicht mehr zu vermeiden: Es hatte einen Super-Gau gegeben, und die möglichen Folgen waren unklar. Trotz gegenteiliger Behauptungen konnte kaum die Rede davon sein, dass man die Lage im Griff habe. Politik und Öffentlichkeit in Westeuropa reagierten geschockt, unter dem Eindruck der bisher nicht gekannten Herausforderungen fast panisch. Jahrzehntelang war vor den Gefahren der Kernkraft gewarnt worden, wiederholt hatte es Pannen gegeben, und nun trat der Ernstfall ein. Dessen musste man Herr werden, und die Debatten über die dafür notwendigen Schritte schlugen hohe Wellen.
Nicht so im offiziellen Ost-Berlin. Die von der SED gänzlich überwachten Medien ignorierten das Desaster zunächst, wiegelten ab, als sich das Thema nicht mehr vermeiden ließ, und taten alles, um den Eindruck von Handlungsbedarf zu vermeiden. Als das *Neue Deutschland* den Störfall am 30. April 1986 erstmals umfänglich vermeldete, informierte es seine Leser zugleich über Spaziergänge von Kindergartengruppen unter freiem Himmel, denn das sei ein gutes Beispiel dafür, was „man bei diesen fast sommerlichen Temperaturen so alles machen kann.“[65] Und selbstverständlich – so der Subtext – gebe es dabei keinerlei Gefährdungen.
Diese Einschätzung war mehr als nur ein verfehltes Krisenmanagement. Sie machte zugleich grundlegende Defizite der SED-Diktatur deutlich. Es fehlte an Öffentlichkeit; Möglichkeiten, sich abweichend vom Meinungsmonopol zu äußern, tendierten gegen Null, und der Informationsgehalt der Medien war fast noch stärker beschnitten. All das hatte man auch zuvor schon gewusst, doch nun, in einer Gefahren-Situation, wurde es abermals überdeutlich. Wie so oft, versuchte die politische Führung, die Realität der Inszenierung zu unterwerfen – und stieß dabei an ihre Grenzen. Stets hatte sie betont, alles zum Wohl des Volkes zu tun, doch unter selbigem machte sich

[65] ND, 30.4.1986, S. 1, 8.

mehr denn je ein Gefühl von Ohnmacht und Resignation breit. Zu offensichtlich war die Kluft zwischen Anspruch und Wirklichkeit. Welchen Wert sollte ein System haben, das seine Einwohner nicht nur im Unklaren ließ, sondern sie selbst unter derart dramatischen Bedingungen erkennbar belog? Denn dass es ernst zu nehmende Folgen der Reaktorkatastrophe gab, konnte man zweifelsfrei den zugänglichen West-Medien entnehmen. Plötzlich erschienen die wenigen unabhängigen Umweltaktivisten der DDR auch dem durchschnittlichen Bürger nicht mehr nur als Phantasten und Quertreiber. Offensichtlich hatten ihre Anliegen Berechtigung, und die zuvor ermattete Opposition gegen die SED-Diktatur erlebte einen neuerlichen Aufschwung.[66] Sie blieb weiterhin die Bewegung einer überschaubaren Minderheit, doch deutete sich im Nachgang zur Reaktorkatastrophe an, was fortan nicht mehr abebben sollte: Immer weniger Menschen waren bereit, dem Sozialismus in der DDR bedingungslos zu folgen oder sich gar für ihn zu engagieren. Neben die aktive Opposition trat in zunehmendem Maße eine hinsichtlich ihrer Zukunft resignierte Bevölkerung, und daraus ergaben sich ganz neue Herausforderungen. Das sollte auch 1987 immer wieder deutlich werden und trug wesentlich zu jener Dynamik bei, die zwei Jahre später das Ende der SED-Diktatur herbeiführte.

Krisenerscheinungen und Politisierungsprozesse

Neben der konsequenten Ablehnung der Reformpolitik Gorbatschows durch die politische Führung der DDR[67] – und in Teilen als Ergebnis dieser Ablehnung – kristallisierten sich im Verlauf des Jahres 1987 also mindestens drei Problemfelder heraus, die sich für das SED-Regime als zerstörerisch erweisen sollten. *Erstens* erfuhr die aktive Opposition spätestens in der zweiten Hälfte des Jahres eine Aufmerksamkeit bzw. Öffentlichkeit, die sie lange nicht mehr gehabt hatte. *Zweitens* erreichte die bereits angeführte Resignation weiter Teile der Bevölkerung einen neuerlichen Höhepunkt. Und *drittens* verlor die scheinbar alles beherrschende Partei zunehmend

[66] Vgl. Stefan Wolle, Die heile Welt der Diktatur. Alltag und Herrschaft in der DDR 1971-1989, Berlin 1998, S. 279f.; zum Zusammenhang zwischen Tschernobyl und Opposition in der DDR allg. Ehrhart Neubert, Geschichte der Opposition in der DDR 1949-1989, Berlin 1997, S. 626-629.

[67] Vgl. dazu das nachstehende Interview mit Günter Schabowski.

jenen Teil der Bevölkerung, den sie immer als ihre Zukunft pries: die Jugend.
Im Rückblick scheint keiner dieser Faktoren allein stark genug gewesen zu sein, um das System ernsthaft in Bedrängnis zu bringen. Doch gerade 1987 offenbarten sie sich als Probleme immer wieder und wurden durch weitere Defizite verstärkt: die ineffiziente Ökonomie, die fehlenden Grundrechte, die realitätsferne Ideologie und die in jeglicher Hinsicht fehlende Bewegungsfreiheit. Nicht zuletzt blieb der Westen Deutschlands für viele DDR-Bürger jene Vergleichsfolie, an der sich das eigene Land messen lassen musste. Und dieser Vergleich fiel zunehmend negativ für den Arbeiter- und Bauernstaat aus. Zudem zeigte sich die SED-Führung zu keinem Zeitpunkt in der Lage, geeignete Strategien zur Bekämpfung der vielfältigen Krisensymptome zu entwickeln.[68]
Unübersehbar wurden diese Problemlagen unter anderem am Pfingstwochenende des Jahres 1987. Im Rahmen der 750-Jahr-Feier der Stadt fand vor dem West-Berliner Reichstag unter dem Titel „Concert for Berlin“ ein mehrtägiges Open-Air-Festival statt, bei dem zahlreiche Größen des Musikgeschäfts wie David Bowie, Genesis und die Eurythmics auftraten. Das Interesse an dem Ereignis war groß – in West und in Ost. Da den Jugendlichen der DDR ein unmittelbarer Besuch des Konzerts durch die Existenz der Mauer verwehrt war, versammelten sich Abend für Abend Hunderte, um östlich derselben zumindest akustisch an den Auftritten teilzuhaben. Der Sicherheitsapparat, allen voran das MfS, zeigte sich zunächst überrascht, dann machte sich Verunsicherung breit, und schließlich griff man zu jenen Mitteln, die schon immer Stützpfeiler der Diktatur gewesen waren: Überwachung und unmittelbare Gewaltausübung. Bereits am zweiten Abend, dem 7. Juni, befanden sich in der wachsenden Schar Jugendlicher zahlreiche zivil gekleidete Mitarbeiter der Staatssicherheit, die „Rädelsführer“ ausfindig machen sollten. Deren gezielte Festnahme und die inzwischen massive Präsenz uniformierter Kräfte machten den Anwesenden ihre Überwachung nur allzu deutlich. Erste Rufe „Die Mauer muss weg“ wurden laut, Volkspolizisten wurden angespuckt und Flaschen flogen. Spöttisch bemächtigte sich die Menge gar des Liedgutes der Herrschenden, wie das MfS verwundert registrierte: „Es wurden Teile der ‚Internationale‘ bzw. des Kampfliedes ‚Spaniens Himmel‘ unter Hervorhebung der Textstellen ‚erkämpft das

[68] Vgl. Hans Hermann Hertle/Stefan Wolle, Damals in der DDR. Der Alltag im Arbeiter- und Bauernstaat, München 2004, S. 233-246; Ulrich Mählert, Kleine Geschichte der DDR, München 2001, S. 146-152.

Menschenrecht' und ‚Wir kämpfen und siegen für dich – Freiheit' gesungen."[69]

Am folgenden Abend eskalierte die Situation endgültig. Jetzt hatten sich mehr als 2.000 Personen versammelt und auch die Sicherheitskräfte ihre Präsenz nochmals deutlich verstärkt. Das Gebiet um das Brandenburger Tor war weiträumig abgesperrt, was nicht zuletzt dazu führte, dass „die Musik im gesamten Bereich nicht besonders wahrnehmbar war." Das steigerte den Unmut der Zuhörer abermals, und es kam zur unmittelbaren Konfrontation. Auf neuerliche Rufe „Die Mauer muss weg", „Mauer nieder" und „Bullen raus" reagierte die Staatsmacht mit Gewalt und Brutalität. Zahllose Gummiknüppel kamen zum Einsatz, mindestens 120 Personen wurden festgenommen, und bis weit nach Mitternacht setzten sich die Auseinandersetzungen fort. Das Regime, dessen Existenz wesentlich durch die Mauer gesichert wurde, zeigte sich noch immer kompromisslos, sobald diese infrage gestellt wurde. Offiziell hielt der „antifaschistische Schutzwall" auswärtige Feinde zurück, tatsächlich jedoch – und das wurde in den Pfingsttagen wieder einmal deutlich – diente sie der Züchtigung der eigenen Bevölkerung. Doch die gewählten Strategien der Machtsicherung erwiesen sich zunehmend als ungeeignet und vermochten es zudem nicht, die eigentlichen Probleme zu lösen: „Zivile Brutalität, perfekt, professionell, scheinbar wahllos und doch gezielt, gegen jeden, der seinen Unwillen ausdrückte. Aussehen und Alter spielten keine Rolle. Da musste manches Ordnungsbild zusammenbrechen. Eine spontane Politisierung, die viel mehr als ein paar Jugendliche erfasste. [...] Gerade weil kein Konzept, kein entwickeltes Bewusstsein oder gar ein Programm dahinter standen, ist dieser Ausbruch so ernst zu nehmen."[70]

Wie ernst er zu nehmen war, sollte sich schon in den folgenden Tagen zeigen. Denn im Gegensatz zu früheren Ereignissen gingen bei Partei- und Staatsführung zahllose Beschwerden ein. Die Bevölkerung war offensichtlich nicht länger gewillt, jegliche Willkür hinzunehmen. Exemplarisch verdeutlicht das ein Schreiben, in dem ein Vater die Auswirkung der Ereignisse auf seine unmittelbar betroffene Tochter schildert. Dieses Schreiben ist auch deshalb von besonderem Interesse, weil es auf Grundprobleme der

[69] Bericht über die Ereignisse am 6., 7. und 8. Juni 1987 im Zusammenhang mit Rock-Konzerten in Berlin (West) und Schlussfolgerungen, in: BStU, HA IX, Nr. 9.181. Dort auch die folgenden Zitate.

[70] Der Lack ist ab. Zu den Ereignissen am Brandenburger Tor in Ost-Berlin, in: taz, 12.6.1987, S. 4.

SED-Diktatur verweist: „Welche gesellschaftlichen Lernprozesse sind von Jugendlichen, die das erlebt haben, noch zu erwarten?“ Und: „Wir dürfen nicht zulassen, dass sich bei Jugendlichen zwanghaft Analogien zu Vorgängen beim Nachbarn oder aus der jüngeren deutschen Geschichte einstellen. Wie wollen Sie das verhindern? (Übrigens war dies ein Hauptthema im Gespräch mit meiner Tochter.)“[71] Gerade letztere Ausführung zielte auf den Kern des sozialistischen Staates: einzig legitimer Bewahrer des Antifaschismus zu sein. Dieser Anspruch wurde zunehmend zur Farce, verlor seine gesellschaftlichen Bindekräfte und stellte das Regime so stärker als bisher infrage. Die Ereignisse der Pfingsttage 1987 können daher als Sinnbild einer DDR des Niedergangs gelten: die politische Führung des Landes in ritualisierten, längst überholten Legitimationsmustern gefangen, die Bevölkerung immer weniger gewillt, diesen zu folgen, und ein sich daraus ergebendes Spannungsfeld, das immer stärker nach einer Auflösung drängte. Pfingsten 1987 waren jugendliche Konzert-Hörer vom Staat in eine Auseinandersetzung gedrängt worden, die den Widerspruch zwischen hehrem Anspruch und trister Realität allen Beteiligten nur allzu sichtbar machte. Aus politisch Passiven wurden unter den gegebenen Umständen Aktive, die ihrem Unmut hörbar Ausdruck verliehen. Sollte sich diese Erscheinung verselbständigen, waren die Folgen für das politische System kaum abschätzbar.
Dabei zeigten sich ähnlich gelagerte Probleme auch andernorts. Es war abermals ein Konzert, das einige Monate später klarmachte, wie tief die Risse zwischen Herrschaft und Gesellschaft, aber auch innerhalb der Gesellschaft bereits waren. Am 17. Oktober 1987 trat in der Zionskirche im Stadtbezirk Mitte die Band Element of Crime aus West-Berlin auf, unterstützt von Musikern aus dem Osten der Stadt. Die Umstände des Konzerts waren abenteuerlich. Die Band reiste ohne Instrumente an, ihre Mitglieder kamen offiziell als Touristen, denn eine staatliche Genehmigung für das Ereignis lag nicht vor. Es hatte einige Zeit zuvor bereits ein erstes Konzert gegeben, das in geregelten Bahnen verlief und für einige Aufmerksamkeit unter den Jugendlichen sorgte. Daher war die Kirche im Oktober mit etwa 500 Personen völlig überfüllt.[72] Was dann passierte, hätte es unter sozialistischen Bedingungen eigentlich gar nicht geben dürfen. Eine Gruppe von etwa 30 Skinheads, darunter einige West-Berliner, verschaffte sich Zutritt zum Gelände, brüllte neonazistische Parolen und schlug wahllos auf Kon-

[71] Schreiben vom 22.6.1987 an das Ministerium des Innern der DDR, in: BStU, HA VII, Nr. 3.015.

[72] Vgl. das nachstehende Interview mit Jakob Ilja, dem Gitarristen der Band.

zertbesucher ein. Die allgegenwärtige Staatsmacht griff nicht ein, obwohl sie auch hier beobachtend anwesend war, um sich über die „Punkmusikformationen" und die Zuhörer zu informieren. Laut eigenen Angaben konnte die Volkspolizei zunächst „keinerlei Wahrnehmung über tätliche Auseinandersetzungen und negative Äußerungen durch den dort versammelten Personenkreis treffen." Und obwohl das Ministerium für Staatssicherheit sehr schnell und zweifelsfrei feststellte, dass es sich „bei der tätlichen Auseinandersetzung um eine von den Skinheads geplante Schlägerei handelte", wurde der Vorfall offiziell zunächst verschwiegen.[73] Neonazis in der DDR? Das passte nicht in die Legitimationsstrategie der herrschenden Partei und sollte daher verdrängt werden. Tatsächlich jedoch gab es vielerorts massive Probleme mit den Skinheads, die immer wieder in der Öffentlichkeit auftraten und dort ihre Parolen brüllten.[74] Doch weil nicht sein durfte, was die Ideologie nicht vorsah, wurde das Problem nicht zuletzt von den Medien konsequent ignoriert.

Erst nach massiver Intervention aus der Bevölkerung reagierte die Staatsmacht auf die Ereignisse vom 17. Oktober. Als ein Gerichtsprozess nicht mehr zu vermeiden war, wurde die Schuld für den Rechtsradikalismus in der DDR allein westlichem Einfluss zugeschrieben und es wurden nur marginale Strafen verhängt. Daraufhin schlug die öffentliche Entrüstung in Ost wie West hohe Wellen, die politische Führung des Landes sah sich zunehmend in Zugzwang und stimmte einer drastischen Erhöhung der Strafmaße letztlich zu. Gerade vor dem Hintergrund des brutalen Agierens während der Pfingsttage kam diese Reaktion jedoch zu spät; die SED-Führung war desavouiert und hatte erneut erkennen lassen, dass ihr Antifaschismus längst zum leblosen Relikt verkommen war. Doch die Ereignisse machten weit mehr greifbar. Die Öffentlichkeit hatte demonstriert, dass sie auch unter dem bestehenden Regime über (freilich äußerst begrenzte) Einflussmöglichkeiten verfügte, zudem hatte die zwischenzeitliche Verdrängung der Ereignisse zu deren Politisierung beigetragen. Nicht zuletzt wurde einmal mehr

[73] Dirk Moldt, „Keine Konfrontation!". Die Rolle des MfS im Zusammenhang mit dem Überfall von Skinheads auf ein Konzert in der Berliner Zionskirche am 17. Oktober 1987, in: Horch und Guck 11 (2002), Heft 4, S. 14-25. Vgl. dort auch zu den weiteren Geschehnissen. Alle Zitate in: Matthias-Domaschk-Archiv (MDA), OV „Konzert", Bd. 1.

[74] Einige Hinweise zur politisch-operativen Lage und sich daraus ergebende Konsequenzen für die zu lösenden politisch-operativen Sicherungsaufgaben (o. D.), in: BStU, HA PS, Nr. 202.

sichtbar, dass die DDR keineswegs jene glückliche Menschengemeinschaft von Gleichen war, als die sie offiziell stets inszeniert wurde. Das unablässige Streben der herrschenden Partei, die Realität der Weltanschauung unterzuordnen, der daraus resultierende hohe Grad an Selbstreferentialität und die Unfähigkeit, auf neu erwachsende Herausforderungen effektiv zu reagieren, erwiesen sich mehr und mehr als einziger Handlungsrahmen, in dem die selbst ernannte Vorhut der Arbeiterklasse zu agieren vermochte.
Deutlicher denn je trat die daraus resultierende Unfähigkeit zu zeitgemäßen Problemlösungen zutage, als wenige Wochen später die Zionskirche wider Willen erneut in das Zentrum öffentlichen Interesses geriet. In den Kellerräumen des Gemeindehauses hatte sich die Umweltbibliothek (UB) etabliert, in der seit Ende des Jahres 1986 verbotene bzw. unerwünschte Publikationen gesammelt und der interessierten Öffentlichkeit zugänglich gemacht wurden. Ein derartiges Unterfangen durchbrach das staatliche Informationsmonopol, und wiederum waren es vor allem Jugendliche, die sich engagierten. Ein Jahr lang hatte die Umweltbibliothek weitgehend ungestört gearbeitet, obwohl es schon im Oktober 1987 zu kurzfristigen Festnahmen kam.[75] Nicht zuletzt wegen des Honecker-Besuches in der Bundesrepublik verzichtete die Staatsmacht vorerst aber auf allzu offensichtliche Repressionsmaßnahmen. Honeckers weltoffenes Auftreten und die allgemeine Amnestie ließen zumindest die Hoffnung zu, dass es so auch weiterhin bleiben würde.
Doch das Gegenteil trat ein. In der Nacht vom 24. zum 25. November 1987, gegen Mitternacht, besetzten Mitarbeiter des Ministeriums für Staatssicherheit und der Staatsanwaltschaft die Umweltbibliothek, verhafteten die Anwesenden und beschlagnahmten Teile des vorgefundenen Materials. Die Aktion „Falle“, wie sie in der Sprache des MfS genannt wurde, richtete sich vor allem gegen die in der UB gedruckte Zeitschrift *grenzfall*, die sich zu einem wichtigen Sprachrohr der Opposition entwickelt hatte. Offensichtlich glaubten der Sicherheitsapparat und die dahinter stehende Partei, auf diesem Wege einen entscheidenden Schlag gegen das abweichende Meinungspotenzial führen zu können. Diese Annahme sollte sich als fataler Irrtum erweisen, wie der *grenzfall* alsbald resümierte: „Die Durchsuchung der Räume der Umweltbibliothek in der Berliner Zionsgemeinde in der Nacht vom 24. zum 25.11., die Festnahme von sieben Personen und die Beschlagnahme von Vervielfältigungsgeräten haben in diesem Land viel bewegt. Das erste Ergebnis deutete sich bereits in den frühen Morgenstunden des 25.11. an,

[75] Allg. (auch zum Folgenden) Neubert, Geschichte der Opposition, S. 694-696.

als nämlich Mitglieder verschiedenster Gruppen, die sich in der Zeit zuvor teilweise nur noch zu Streitgesprächen trafen, zusammen über eine angemessene Reaktion berieten."[76]

Das Vorgehen der Staatsmacht gegen die UB hatte die Opposition kriminalisieren und damit ihre Dynamik schwächen sollen, tatsächlich jedoch führte es zu einer genau gegenteiligen Bewegung. Die gemeinsame Erklärung, die von zahlreichen, zum Teil widerstrebenden Gruppen unterzeichnet wurde, war dabei nur der Anfang. Und noch immer glaubte das MfS zweifelsfrei, die Situation im Griff zu haben. Am 25. November informierte der greise Minister, Erich Mielke, alle Bezirksverwaltungen seiner Institution über die Vorgänge und leitete die sich daraus ergebenden Notwendigkeiten ab. Dazu gehörte die vorbeugende Verhinderung aller „provokatorischen Aktivitäten" ebenso wie Aufklärung „feindlicher" Pläne und die Verhinderung von Reisen bekannter „feindlicher Personen" nach Berlin.[77] Doch wiederum unterschätzten die selbst ernannten Kämpfer an der geheimen Front einen Faktor sträflich – die Öffentlichkeit. Bereits am Nachmittag des 25. November fand vor der Zionskirche eine Protestdemonstration gegen das Vorgehen der Sicherheitskräfte statt, und die Einrichtung einer ständigen Mahnwache wurde beschlossen. All dies geschah nicht nur unter den Augen der Staatsmacht, sondern vor allem in Anwesenheit westlicher Journalisten, die umfänglich von den Ereignissen berichteten und diese damit auch in der DDR publik machten. Die Folge war eine Solidarisierungswelle im ganzen Land, die zunächst weitere oppositionelle Gruppen erfasste, aber auch immer mehr, bisher passive Bürger einschloss. Solidaritätsadressen aus dem Ausland trafen ein, Unterstützer reisten nach Berlin, um die Mahnwachen personell zu stärken, und Anwohner versorgten dieselben mit Brötchen und heißem Tee. Ein derart verflochtenes Zusammenwirken zwischen politisch bewusst Aktiven (zumal unterschiedlichster Ausrichtung) und „normalen" Bürgern hatte es zuvor nicht gegeben – und sollte es bis 1989 auch nicht mehr geben. Doch für einen Moment wurde deutlich, welche Möglichkeiten damit verbunden waren.[78] Schon am Abend des 25. November hatten nicht zuletzt aufgrund der Proteste fünf Mitarbeiter der Umweltbibliothek aus der Haft entlassen werden müssen, drei Tage danach kamen auch die letzten

[76] Mehr als eine Mahnwache!, in: grenzfall 11/12-87, S. 2.

[77] Fernschreiben des Genossen Minister an alle Bezirksverwaltungen/Leiter vom 25.11.1987, in: MDA, Bestand „Aktion Falle".

[78] Vgl. dazu das nachstehende Interview mit Bärbel Bohley.

beiden Inhaftierten frei, später wurden die anhängigen Ermittlungsverfahren eingestellt.
Der große Schlag gegen die Opposition in der DDR hatte sich als schwere Niederlage der Staatsmacht erwiesen. Weder wurde das Erscheinen des *grenzfalls* unterbunden noch die Umweltbibliothek diskreditiert. Wie selten zuvor hatten die unabhängigen Gruppen Aufmerksamkeit auf sich gezogen, so ihre Anliegen deutlich machen können und auf Missstände in der DDR verwiesen. Die Brisanz der Ereignisse, die offensichtliche Willkür und die breite mediale Präsentation in den Medien des Westens hatten aber auch Bevölkerungskreise erfasst, die sich bisher nicht für derartige Belange eingesetzt hatten. Ein sprunghaftes Anwachsen oppositionellen Handelns erwuchs daraus zwar nicht, doch hatten die Ereignisse um die UB gezeigt, dass die scheinbar allmächtige Partei und ihr Sicherheitsapparat keineswegs unbezwingbar waren. All diese Faktoren sollten zwei Jahre später eine entscheidende Rolle spielen. Noch war das SED-Regime nicht existenziell bedroht, doch die „Schlacht um Zion" hatte es unübersehbar verloren und dabei – ungewollt – weitere Einwohner des Landes politisiert. Wie in alten Zeiten hatte man auf Gewalt als Problemlösung gesetzt, doch die Zeiten hatten sich spätestens seit Gorbatschow und der gegenseitigen Annäherung der Supermächte geändert. Die freimütige Inszenierung der 750-Jahr-Feier Berlins und Honeckers staatsmännisches Auftreten in Bonn sollten eine DDR vorspielen, die ihren Diktaturcharakter abgelegt hatte und auf dem Weg zu einem toleranten Staat war, zu dem auch Meinungspluralismus gehörte. Die Ereignisse im Zusammenhang mit der Umweltbibliothek zeigten nun in aller Deutlichkeit, wie wenig dieses Bild der Realität entsprach. Wer auch immer die Hoffnung hatte, in der DDR demokratisch Strukturen aufbauen zu können, musste erkennen, dass dies unter den gegebenen Bedingungen nicht möglich sein würde. Die SED-Führung gab klar zu verstehen, dass sie noch immer allein in jeglicher Beziehung Deutungshoheit und Entscheidungsgewalt beanspruchte. Das war sowohl zu Pfingsten als auch im Zusammenhang mit den Ereignissen um die Zionskirche deutlich geworden. Das öffentliche Interesse spielte für die politischen Entscheidungsträger nur dann eine Rolle, wenn es mit den Absichten der Partei übereinstimmte oder deren Einlenken erzwang. Doch gerade die nahezu völlige Abwesenheit von Kontroll- und Einflussmöglichkeiten machte bisher unpolitische Bevölkerungsteile für oppositionelles Gedankengut empfänglich. Damit war in den meisten Fällen noch kein aktives Handeln verbunden, doch je unbeweglicher sich die SED-Führung unter den Vorzeichen wachsender Krisensymptome zeigte, umso mehr stellte sich die Frage nach Alternativen. An

eine Überwindung des Systems dürften 1987 nur sehr wenige Beteiligte geglaubt haben, doch die Herausforderungen wuchsen ständig. Und dazu gehörte eben auch, dass die unmittelbaren Kampfansagen an die bestehenden Verhältnisse nicht geringer wurden, im Gegenteil. Während der Pfingst-Konzerte etwa hatte die Staatsmacht die jugendlichen Zuhörer provoziert und als Reaktion veritable Auseinandersetzungen erlebt, die das Bild einer harmonischen DDR nachhaltig erschütterten. Doch solcher Provokationen bedurfte es gar nicht, um Widerspruch zu spüren. Er war auch so auf zahlreichen weiteren Ebenen vorhanden.

Widerspruch von allen Seiten

„Am 21. Juni 1987, gegen 21.40 Uhr, wurden im Bereich der täglichen Fahrstrecke, Berlin Prenzlauer Berg, Greifswalder Str. 3-22, an Hauswänden/Haustüren sowie Schaufensterscheiben 13 mittels gelbem Farbspray aufgesprühte Schmierereien festgestellt, wie

- ‚Weg mit dem Scheißsystem' (Größe 3,50 m x 3,50 m)
- ‚DAF!' (Deutsch-Amerikanische Freundschaft) und
- einen dargestellten Judenstern."

Allein an diesem und dem folgenden Tag meldete das MfS zahlreiche weitere „Schmierereien" aus dem Stadtgebiet, die sich vor allem „gegen die Grenzsicherungsanlagen sowie die 750-Jahr-Feier Berlins richteten".[79]
Schon im Mai hatte man Ähnliches am Palast der Republik festgestellt. Dort fand sich die hintersinnige Frage: „Was nützt eine Weltanschauung, wenn sich diese nicht anschauen lässt?" Am 17. Juni waren trotz gesonderter Sicherungsmaßnahmen im Zentrum der Stadt 200 Flugblätter „mit antisozialistischem Inhalt" aus der S-Bahn geworfen worden. Zudem „wurde durch einen Bürger […] die Fahne der BRD auf dem Balkon befestigt. Er wollte damit anlässlich des ‚BRD-Gedenktages' seiner Übersiedlung in das NSA Nachdruck verleihen". Wenige Tage später gingen bei der *Jungen Welt*, der Zeitung der SED-Nachwuchsorganisation Freie Deutsche Jugend, 18 ano-

[79] Information der Hauptabteilung Personenschutz vom 23. Juni 1987, in: BStU, HA PS, Nr. 4.593. „Tägliche Fahrstrecke" meint hier den Weg der Mitglieder der Partei- und Staatsführung aus der Innenstadt Ost-Berlins in die Funktionärssiedlung Wandlitz.

nyme Anrufe ein, in denen gedroht wurde, „den Verlag in die Luft zu sprengen“.[80]
Angesichts der scheinbaren Stabilität der DDR überrascht der Umfang des Widerspruchs, der sich 1987 in Ost-Berlin gegen die SED-Diktatur regte. Doch zumindest das Ministerium für Staatssicherheit war sich sehr wohl bewusst, dass diese Stabilität auf schwankendem Grund stand. Als die Führungsspitze des Geheimdienstes Ende März ein erstes Resümee hinsichtlich des laufenden Jahres zog, bescheinigte es sich zwar selbst ein gutes Arbeiten, prognostizierte aber kommende Konfliktsituationen: „Das 1. Quartal war der Anlauf, das Beispiel, das Training für die Wirksamkeit der Maßnahmepläne, der Führungsprinzipien und der Informationsbeziehungen. Der Hauptakt kommt im Sommer.“ Klar war auch, wo der Gegner stand. Nicht die Abwehr kapitalistischer Feinde sollte den Schwerpunkt der operativen Arbeit bilden, sondern die Domestizierung der eigenen Bevölkerung: „Es muss alles freundwärts erfolgen.“[81]
Als besonders gravierendes Problem erwies sich abermals die Abriegelung des Landes. Damit war die Existenz der DDR zwar vorläufig gesichert, doch sank die Zahl derer, die ihr endgültig den Rücken kehren wollten, keineswegs. In den vorherigen Jahren hatte es zeitweise rückläufige Tendenzen gegeben, 1987 aber registrierten die zuständigen Behörden wieder ein Ansteigen der Ausreiseanträge. Hatten 1986 noch 78.622 Bürger der DDR einen solchen Antrag gestellt, so sollten es im Folgejahr schon 105.131 sein.[82] Und das, obwohl dieser Schritt – daran ließ die Staatsmacht keinen Zweifel – in der Regel Willkürhandlungen, den möglichen Verlust des Arbeitsplatzes und weitere gravierende Einschnitte nach sich zog. Insbesondere das Ansteigen der Zahl der Erstanträge beunruhigte das MfS, das wiederum nur einen Ausweg sah: eine stärkere Überwachung der Bevölkerung.
Kompliziert gestaltete sich auch der Umgang mit den Antragstellern. Da die Bearbeitung ihres Anliegens völlig untransparent erfolgte, faktisch keinerlei Einflussmöglichkeiten der Betroffenen bestanden und diese somit weitge-

80 Hinweise vom 22.6.1987 in Zusammenhang mit der Vorbereitung und Durchführung der politisch-operativen Sicherungs- und Betreuungsmaßnahmen der HA PS zum „Historischen Festumzug“ am 4. Juli 1987, in: ebd.

81 Einschätzung der politisch-operativen Lage in unserer Hauptstadt (I. Quartal 1987), in: BStU, HA VII, Nr. 483, Bd. 1, Teil 2.

82 Information über den Umfang von Übersiedlungsersuchenden nach der BRD und nach WB (o D.), in: BStU, ZKG, Nr. 5.969.

hend der Despotie des Staates unterworfen waren, wiederholten sich die Versuche, dem Ausreiseantrag auf den wenigen zur Verfügung stehenden Wegen Nachdruck zu verleihen. Immer wieder kam es zu öffentlichen Protesten Einzelner, die den schönen Schein des sozialistischen Arbeiter- und Bauernstaates auf diese Weise eindringlich infrage stellten: „Zahlreiche Versuche demonstrativer Handlungen gibt es besonders an neuralgischen Punkten unserer Hauptstadt (Alex/Weltzeituhr, Mahnmal, Marx-Engels-Platz/Staatsrat, Botschaften, Palast der Republik). Hier wird immer wieder versucht, […] demonstrativ öffentlichkeitswirksam zu werden und nicht selten abgestimmt mit westlichen Journalisten ihre Absicht dadurch durchzusetzen.“ Hinzu kamen die zahlreichen „Republikfluchten“ über die Mauer, die sich ebenfalls häuften und für mediale Aufmerksamkeit im Westen der Stadt sorgten. Dabei nutzten die unter Lebensgefahr Fliehenden alles, was für ihr Entkommen hilfreich erschien: Lastkraftwagen und schwere Bautechnik zum Durchbrechen der Grenzanlagen, Leitern, Seile und Werkzeug zu deren Überwindung und selbst Dachaufbauten, um mit Hilfe von „Fluggleitern“ in den Westen zu gelangen. Das MfS empfahl daher eine stärkere Sicherung der Berliner Baustellen und eine striktere Überwachung des grenznahen Raumes.[83] Damit konnte man im Einzelfall zwar „Republikfluchten“ verhindern, doch wurden die eigentlichen Probleme so natürlich nicht gelöst. Jede einzelne, oftmals verzweifelte Aktion der Ausreisewilligen war ein klares Zeichen dafür, dass die DDR keineswegs so gesichert und weltoffen dastand, wie es ihre politische Führung so gern suggerierte.

Die allgemeine Unzufriedenheit unter der Bevölkerung machte auch vor der selbst ernannten „Avantgarde der Arbeiterklasse“, der SED, keineswegs mehr Halt. Dort, wo laut Theorie der höchste Grad an Bewusstsein versammelt war, vermehrten sich Resignation und Widerspruch. Insbesondere die Ablehnung jeglicher Reformen durch die Parteispitze führte zu wachsender Kritik. Die Parteimitglieder waren mitnichten heimliche Widerstandskämpfer, sondern folgten ihren Führern in der übergroßen Mehrheit bis in den Untergang. Gleichwohl zeigte sich eine wachsende Bereitschaft, zumindest ausgewählte Missstände auch beim Namen zu nennen. Das war höchst ungewöhnlich, denn die Wahrung von Einheit und Reinheit der Partei galt als Grundforderung an alle Mitglieder. Die dafür geltenden Regeln gab die Parteispitze vor, doch gerade sie zog Kritik auf sich. Als etwa der Genosse Vorsitzende, Erich Honecker, Anfang Februar 1987 vor allen

[83] Einschätzung der politisch-operativen Lage in unserer Hauptstadt (I. Quartal 1987), in: BStU, HA VII, Nr. 483, Bd. 1, Teil 2, Zitate ebd.

Kreissekretären über die Aufgaben bei der weiteren Verwirklichung der Beschlüsse des XI. Parteitages der SED referierte, galt dies als Grundsatzerklärung, mit der das politische Handeln für die nächste Zeit festgeschrieben wurde. Doch die Reaktion der versammelten Funktionäre fiel ernüchternd aus, wie sich alsbald herausstellte. Die Mehrzahl der Kreissekretäre vertrete, so stellte eine interne Untersuchung fest, nach Honeckers Ausführungen die Ansicht, dass „unser Herangehen in einigen Passagen zu positiv und unkritisch sei und nicht mit der praktisch erlebten Wirklichkeit übereinstimme." Der „Realismus der dargestellten wirtschaftlichen Ergebnisse" werde „in Zweifel gezogen", und die Einschätzungen der sozialistischen „Demokratie" seien zu „formal". Honeckers Rede wurde zudem als „langweilig und enttäuschend" kritisiert. Die deutlichste – und für Honecker sicherlich schmerzhafteste – Kritik wurde jedoch ausgerechnet in der Druckerei des parteieigenen Verlautbarungsblattes, des *Neuen Deutschland*, laut: „Hätte man die Wahl, entweder eine Rede des Genossen Honecker oder des Genossen Gorbatschow zu lesen, würde Letzterem der Vorzug gegeben."[84]

Wie die Äußerungen zeigen, hatte die scheinbar monolithische Einheit der SED 1987 bereits erkennbare Risse, die sich in den Folgejahren gerade wegen der Ablehnung der sowjetischen Reformpolitik weiter vertieften und 1989/90 ohne Zweifel zum gesellschaftlichen wie politischen Erosionsprozess beitrugen. Wenn selbst die Parteifunktionäre Ernüchterung verspürten und sich auch noch getrauten, der damit verbundenen Frustration halböffentlich Ausdruck zu verleihen, dann war es um die innere Verfassung der SED nicht zum Besten bestellt. Doch auch in dieser Beziehung gelang es der Führung nicht, geeignete Krisenbewältigungsstrategien zu entwickeln. Wie ausgeprägt die Verunsicherung der SED in Bezug auf die Politik Gorbatschows tatsächlich war und wie stark dadurch die Fähigkeit zu eigenem Handeln beschränkt wurde, zeigte sich im Verlauf des Jahres immer wieder. Obwohl das *Neue Deutschland* dazu übergegangen war, Gorbatschows Reden nur noch auszugsweise zu drucken, herrschte regelmäßig eine außerordentliche Nachfrage nach denselben. Nie verkaufte sich die Zeitung besser, an ausgewählten Tagen war sie gänzlich vergriffen.[85] Während die Be-

[84] Stimmungen und Meinungen zum aktuell-politischen Geschehen vom 13. Februar 1987, in: BStU, HA XX/AKG, Nr. 183; Stimmungen und Meinungen zur Rede des Genossen Erich Honecker vor den 1. Kreissekretären der SED vom 5. März 1987, in: ebd., Nr. 184.

[85] Genosse Gorbatschow sorgt für Bewegung, in: taz, 10.2.1987, S. 19.

völkerung die Entwicklung in der Sowjetunion also gespannt beobachtete, übte sich die Staatsführung in Abgrenzung. So wurde im Oktober 1987 erstmals eine Kommission unter Vorsitz des Verteidigungsministers Heinz Keßler eingesetzt, die das Verhalten der sowjetischen Streitkräfte auf dem Boden der DDR kritisch zu evaluieren hatte. Die dahinter stehenden Intentionen waren nur allzu durchsichtig: Es sollte Material gesammelt werden, mit dem man möglicher Kritik am eigenen Kurs begegnen konnte.[86]
Selbst die offiziell „unverbrüchliche“ Freundschaft zur Sowjetunion wurde nun immer mehr zur Farce, zur Heuchelei, und vertiefte so die Gräben zwischen der politischen Führung und der Bevölkerung der DDR. „Von der Sowjetunion lernen, heißt siegen lernen“, war seit Jahrzehnten ein allgegenwärtiger Leitsatz der SED, den schon die Kinder in der Schule lernten. Als aber am 1. Mai 1987 ein überdimensioniertes, nicht genehmigtes Spruchband mit eben jenen Worten in der Schönhauser Allee auftauchte, löste dies eine umfängliche Geheimdienstoperation aus. Denn zu groß schien dem Ministerium für Staatssicherheit offensichtlich die Gefahr, die von Perestroika und Glasnost für die von ihm zu schützende Partei ausging. Also wurde das Plakat entfernt und Untersuchungen eingeleitet.[87] Nichts sollte die herrschende Agonie stören. Als Mittel zur Zukunftssicherung war ein solches Vorgehen selbstredend nicht geeignet.
Unübersehbar zeigte sich die Bevölkerung der DDR im Jahr 1987 weniger als bisher bereit, die vielfältigen Missstände schweigend zu ertragen. Im Jargon der Staatssicherheit hieß das, „dass der Gegner gegenwärtig seine Versuche verstärkt, feindlich-negative Kräfte auf dem Territorium der DDR zu öffentlichkeitswirksamen feindlich-negativen Handlungen zu inspirieren und mobilisieren.“[88] Damit waren zunächst einmal jene Personen gemeint, die sich aktiv gegen das SED-Regime engagierten, doch fielen darunter zunehmend auch bisher unauffällige Bürger, die kein Blatt mehr vor den Mund nahmen und sich im öffentlichen Raum kritisch mit den bestehenden Verhältnissen auseinandersetzten. Die „Meinungsäußerungen breitester Kreise der Bevölkerung zu innenpolitischen Vorgängen [nehmen] an Umfang und Intensität ständig zu“, hielt abermals das MfS fest. Wegen der

[86] Vgl. Ilko-Sascha Kowalczuk/Stefan Wolle, Roter Stern über Deutschland. Sowjetische Truppen in der DDR, Berlin 2001, S. 153-159.

[87] Information über ein Vorkommen am 1. Mai 1987, in: BStU, HA XX/AKG, Nr. 186.

[88] Einige Hinweise zur politisch-operativen Lage und sich daraus ergebende Konsequenzen für die zu lösenden politisch-operativen Sicherungsaufgaben (o. D.), in: BStU, HA PS, Nr. 202.

unbefriedigenden Gesamtsituation sei „unter Werktätigen ein Nachlassen der Arbeitsdisziplin und -moral, ein Rückgang in der Bereitschaft zur Übernahme von Verpflichtungen und zum Ableisten von Überstunden zu beobachten." Zunehmend kämen Zweifel auf, ob die Partei- und Staatsführung die reale Lage überhaupt kenne. Zudem sei eine „erhebliche Zunahme von im Ton sehr kritisch gehaltenen Eingaben, darunter auch Kollektiveingaben, an staatliche Organe"[89] zu verzeichnen. Und zu kritisieren gab es genug. Der zitierte Bericht zählt dazu *unter anderem*:

- gravierende Mängel bei der Belieferung mit Grundnahrungsmitteln,
- permanente Angebotslücken bei modischen, saisonbedingten Bekleidungserzeugnissen und Schuhwaren,
- unmotivierte und unbegründete Schließung von Verkaufseinrichtungen,
- fehlende Presseerzeugnisse,
- fehlende Elektro- und Baumaterialien für Werterhaltungsmaßnahmen,
- Käuferschlangen vor Verkaufseinrichtungen bei angekündigten bzw. erfolgten Warenlieferungen,
- lange Wartezeiten in den Dienstleistungs- und Serviceeinrichtungen, besonders im KfZ-Reparaturbereich,
- fehlende Ersatzteile sowie
- ungerechtfertigte Preisrelationen im Delikat- und Exquisitbereich.

Diese Erfahrungen, Mängel und Unzumutbarkeiten standen im harschen Widerspruch zu jenem euphorischen Bild, das die von der SED gesteuerten Medien von der DDR zeichneten. „Den Werktätigen werde eine heile Welt vorgegaukelt, die es in der Praxis nicht gebe", so die Kritik. Zwei „Argumentationen" des Berichts hätten aufhorchen lassen müssen, denn sie beschrieben den Ist-Zustand genau und warnten bereits vor dem, was zwei Jahre später kommen sollte: „Wenn sich bei uns nicht bald etwas ändert, können wir die Menschen nicht mehr für den Sozialismus begeistern." Und: „Es sei mit dem Schlimmsten zu rechnen, wenn die gegenwärtige ‚Rückwärtsentwicklung' nicht bald gestoppt wird."[90] Diese hellsichtigen Prognosen und die beschriebenen Mängel verdeutlichen, dass die DDR des Jahres

[89] Hinweise über einige beachtenswerte Aspekte der Reaktion der Bevölkerung zu Problemen des Handels und der Versorgung vom Dezember 1987, in: BStU, Arbeitsbereich Neiber, Nr. 195. Der Bericht hatte immerhin eine derartige Brisanz, dass Mielke dazu eine gesonderte Beratung einberief, vgl. ebd.

[90] Ebd.

1987 keineswegs mehr so stabil war, wie sie sich inszenierte. Die Friedliche Revolution stand noch nicht vor der Tür, doch der Niedergang hatte begonnen und wurde mehr und mehr zum freien Fall. Das aktive Engagement derjenigen, die sich bewusst und öffentlich wahrnehmbar in Opposition zum herrschenden System stellten, tat dazu sein Übriges.

Opposition gegen die SED-Diktatur

Die Gründe, sich wahrnehmbar zu seiner Ablehnung der SED-Diktatur zu bekennen und in politische Gegnerschaft zur selben zu treten, waren ohne Zweifel vielfältig. Gleichwohl lassen sich drei Themenbereiche benennen, die von besonderem Gewicht waren: Frieden, Umwelt und Menschenrechte. Diesen Themen kam auch in den westlichen Demokratien seit den 1970er Jahren wachsende Bedeutung zu, doch sorgte in der DDR der totalitäre Machtanspruch der SED für besondere Brisanz. Da die Partei, wie es in einem ihrer Lieder hieß, immer Recht zu haben glaubte, stand jede abweichende Meinung sofort unter der Androhung von Verfolgung und Strafe. Jede Kritik, sei sie noch so vage oder zurückhaltend, konnte als „feindlich-negativer" Akt gewertet und entsprechend geahndet werden. Zugleich ließ sich jedoch immer weniger kaschieren, dass es in den drei genannten Bereichen fundamentale Defizite gab. Daraus resultierte ein Spannungsfeld, das kaum auflösbar war und vor allem durch den überbordenden Sicherheitsapparat kontrolliert sowie im Sinne der Machthaber beeinflusst werden sollte. Dazu war (fast) jedes Mittel recht. Während sich im Westen zivilgesellschaftliche Elemente von beträchtlichem Umfang etablierten, zielte die politische Führung der DDR auch in den 1980er Jahren auf die konsequente Einschränkung derselben. Der Kalte Krieg war vorbei, die Supermächte übten sich in Entspannungspolitik – nur die SED-Spitze glaubte, die aktuellen Herausforderungen mit den Strategien der Vergangenheit bewältigen zu können. Das forderte zusätzlichen Widerspruch heraus.
„Nicht alle Gruppen empfanden ihr Engagement als politisch, aber wohl die Mehrheit, mit steigender Tendenz seit Mitte der achtziger Jahre. Oft wurden die Initiatoren ursprünglich unpolitisch gemeinter Aktionen in dem Moment zur Positionsbestimmung gegenüber dem System herausgefordert, als sie in Konflikte mit der Staatsmacht gerieten. Die Schwelle war allerdings außer-

ordentlich niedrig."[91] Diese Positionsbestimmung machte den Unterschied zwischen der entillusionierten, aber noch schweigenden Menge der DDR-Bürger und jenen, die sich entschieden, aktiv gegen vorhandene Missstände anzugehen. Über Definition, Abgrenzung und Spezifika der Opposition in der DDR wird bis heute gestritten,[92] hier soll lediglich auf einige Ereignisse des Jahres 1987 verwiesen werden, die den Niedergang des SED-Regimes illustrieren und die Vielfältigkeit der Probleme andeuten.

Neben der bereits geschilderten Auseinandersetzung um die Umweltbibliothek kam es im Jahresverlauf immer wieder zu oppositionellen Aktivitäten, sei es durch Einzelne oder ganze Gruppen. Öffentlichkeitswirksam wurde dabei unter anderem versucht, das Meinungsmonopol des Staates zu durchbrechen und auf diese Weise zu dokumentieren, dass es in der DDR sehr wohl von der Parteilinie abweichende Meinungen gab. Schon im Januar richteten Rainer Eppelmann und Ralf Hirsch, zwei bekannte Protagonisten der oppositionellen Szene, einen Appell an die politischen Führer der alliierten Siegermächte des Zweiten Weltkrieges sowie der beiden deutschen Staaten, in dem sie die Beseitigung aller Relikte des Kalten Krieges forderten. Eine engere Zusammenarbeit beider Teile Berlins sollte dazu ebenso gehören wie die Aufhebung von Einreiseverboten und die militärische Abrüstung innerhalb der Stadtgrenzen.[93] Im August wurde von verschiedenen „Organisatoren politischer Untergrundtätigkeit" eine oppositionelle „Erklärung zur Arbeit der Massenmedien" verabschiedet, die auf dem Solidaritätsbasar der Journalisten auf dem Alexanderplatz verteilt wurde und scharf die Medienpolitik der SED kritisierte. Von „nebulöser Kommentierung statt Sachinformation" war darin die Rede, von Manipulierung, Diffamierung, Ignoranz und der Existenz von Tabuthemen. Um eine breite Öffentlichkeit zu erreichen, war die Erklärung zuvor auch westlichen Medien zugänglich gemacht worden. Für den „Tag der Menschenrechte" am 10. Dezember war eine umfängliche Protestaktion im Zentrum Ost-Berlins geplant, die das

[91] Ulrike Poppe, „Der Weg ist das Ziel". Zum Selbstverständnis und der politischen Rolle oppositioneller Gruppen der achtziger Jahre, in: dies./Rainer Eckert/Ilko-Sascha Kowalczuk (Hg.), Zwischen Selbstbehauptung und Anpassung. Formen des Widerstandes und der Opposition in der DDR, Berlin 1995, S. 244-272, hier S. 262.

[92] Vgl. dazu einführend Ehrhart Neubert, Die Opposition in den achtziger Jahren, in: Rainer Eppelmann/Bernd Faulenbach/Ulrich Mählert (Hg.), Bilanz und Perspektiven der DDR-Forschung, Paderborn 2003, S. 180-187.

[93] Schreiben vom 20.1.1987, in: Archiv der Stiftung Aufarbeitung (StAufarb), Bestand Rainer Eppelmann, Nr. 1, dort auch Reaktionen auf den Appell.

Ministerium für Staatssicherheit durch massiven Personaleinsatz und die Zuführung etlicher Beteiligter jedoch zu verhindern wusste.[94] Zumeist unter dem Dach der Kirche etablierten sich neue, politisch handelnde Gruppen, die bewusst den Weg an die Öffentlichkeit suchten. So konstituierte sich im September die „Arbeitsgruppe Staatsbürgerschaftsrecht der DDR“, die Ausreisewillige bezüglich ihrer Rechte beriet. Hier trafen sich oppositionelles Handeln und Ausreisebewegung – eine Mischung, die von den Herrschaftsträgern als besonders gefährlich eingestuft wurde. Das Ministerium für Staatssicherheit leitete daher unverzüglich „Maßnahmen der Verunsicherung und Zersetzung“ gegen die Gruppe ein. Ziel war die unwiderrufliche Verhinderung weiterer Aktivitäten, die Isolierung Einzelner und vor allem die „Vorbeugung des Zusammenschlusses mit anderen feindlich-negativen Gruppierungen“[95]. Die Dynamik der oppositionellen Zusammenschlüsse in Ost-Berlin erhöhte sich 1987 merklich, und offensichtlich fürchtete die Staatsmacht unerwünschte Synergieeffekte. Entsprechend rücksichtslos ging der Geheimdienst daher vor.
Ungemach drohte aber auch von anderen Seiten. So tauchte in West-Berlin das „trotzkistische Manifest“ einer „Internationalen Sozialistischen Arbeiterorganisation“ auf, das in verschiedene sozialistische Staaten eingeschleust werden sollte und unter anderem das Recht auf Freizügigkeit, auf wissenschaftlichen und kulturellen Austausch, die Aufhebung des Schießbefehls und die Freilassung der politischen Gefangenen forderte. Das MfS sah hierin ein Aktionsprogramm für oppositionelles politisches Wirken in der DDR und leitete entsprechende Maßnahmen ein. Und auch Honeckers Reise in die Bundesrepublik blieb nicht ungestört. Unter dem Motto „Honni kommt – Wir kommen auch!“ riefen ehemalige DDR-Bürger zu Protesten gegen den SED-Generalsekretär auf.[96]

[94] Information über Aktivitäten von Organisatoren politischer Untergrundtätigkeit im Zusammenhang mit dem Solidaritätsbasar der Journalisten am 28. August 1987 auf dem Berliner Alexanderplatz, in: BStU, HA XX/AKG, Nr. 188; zur Aktion „Koffer“ am 10.12.1987 vgl. die Erstinformation vom 11.12.1987 in: ebd., ZOS, Nr. 3.251.

[95] Maßnahmeplan zur politisch-operativen Zersetzung, Verunsicherung und Auflösung der Gruppierung von feindlich-negativen Übersiedlungsersuchenden mit der Bezeichnung Arbeitsgruppe „Staatsbürgerschaftsrecht der DDR“, in: BStU, HA IX, Nr. 9.665. Vgl. dazu Neubert, Geschichte der Opposition, S. 672-676.

[96] Information über gegnerische Aktivitäten zur Aktion „Jubiläum 750“, in: BStU, HA XX/AKG, Nr. 185; Geplante Störaktionen während des Staatsbesuches des Genossen Honecker in der BRD, in: ebd., Nr. 188.

Die Anforderungen an die politische Führung, die sich aus dem vielfältigen, qualitativ wie quantitativ wachsenden Handeln der Opposition ergaben, stiegen 1987 beträchtlich. Besondere Bedeutung kam dabei zwei Veranstaltungen zu, die es in dieser Form zuvor noch nicht gegeben hatte: der „Kirchentag von Unten" im Juni und der „Olof-Palme-Friedensmarsch" im September 1987.[97]

Schon im Juni 1986 hatte das SED-Politbüro, wenn auch nur widerwillig, dem Ansinnen der Evangelischen Kirche Berlin-Brandenburg entsprochen, erstmals seit dem Mauerbau wieder einen Kirchentag in Ost-Berlin auszurichten. Zwar musste die Kirche zusichern, dass ein „störungsfreier, das gesellschaftliche Leben nicht beeinträchtigender Verlauf der Veranstaltungen" garantiert sein würde, und auf Großveranstaltungen im öffentlichen Raum weitgehend verzichten, doch war die Entscheidung damit gefallen.[98]

Da das Verhältnis zwischen Kirchenleitung und den unterschiedlichen Basisgruppen durchaus nicht spannungsfrei war und erstere zudem die jährliche Friedenswerkstatt dieser Gruppen für 1987 abgesagt hatte, entstand die Idee, innerhalb des offiziellen Kirchtages einen „Kirchentag von Unten" zu organisieren, der den Gruppen die Möglichkeit bieten würde, sich und ihre Anliegen einer breiteren Öffentlichkeit zu präsentieren. Nach heftigen Konflikten, schwierigen Verhandlungen und Einschüchterungsversuchen von verschiedenen Seiten konnte der „Kirchentag von Unten" schließlich stattfinden und übertraf alle Erwartungen. Im Gegensatz zum offiziellen Kirchentag kamen weit mehr Besucher als geplant, in Arbeitsgruppen wurden verschiedenste Facetten der Themenbereiche Frieden, Umwelt und Menschenrechte behandelt und in der DDR bestehende Probleme offen erörtert. Der Gegensatz zum sonstigen gesellschaftlichen Diskussionsprozess (genauer: zu dessen Nicht-Existenz) hätte kaum größer sein können, und Spruchbänder mit Äußerungen wie „Wir fordern mehr Christlichkeit, Demokratie und Menschlichkeit" oder „Glasnost in Staat und Kirche" waren im öffentlichen Raum der DDR ansonsten unvorstellbar. Der „Kirchentag von Unten" demonstrierte so eindringlich das Potenzial abweichender Meinungen im SED-Staat, förderte die Vernetzung oppositioneller Gruppen und machte deren Belange – vor allem auf dem Weg über das westdeutsche Fernse-

97 Vgl. ausführlich zu den Ereignissen Neubert, Geschichte der Opposition, S. 685-694.

98 Beschlussentwurf des Politbüros vom 23.6.1987, in: BStU, HA XX/4, Nr. 2.853, Zitat ebd.

hen – der Bevölkerung deutlich. Und abermals war es vorrangig die Jugend, die sich hier engagierte und öffentlich zeigte.[99]
Gleiches galt für den Olof-Palme-Friedensmarsch, in dessen Rahmen die erste legale Demonstration oppositioneller Gruppierungen der DDR stattfand. Was lange unmöglich erschien, wurde am Abend des 5. September 1987 Realität: an einem „Pilgermarsch" von der Zions- zur Gethsemanekirche nahe des Ost-Berliner Stadtzentrums beteiligten sich etwa 1.000 Personen, die – begleitet und überwacht von der Volkspolizei – in Wort und Schrift auf Probleme in der DDR aufmerksam machten. Die mitgeführten Plakate forderten etwa die Einrichtung eines zivilen Wehrersatzdienstes, die Entfernung militärischer Elemente aus dem Bildungsbereich und „Gorbatschow – Demokratie – Frieden".[100]
Hintergrund der Demonstration war eine Initiative in Gedenken an den ermordeten schwedischen Ministerpräsidenten Olof Palme, die von mehreren Staaten getragen wurde und der Idee eines atomwaffenfreien Korridors in Mitteleuropa durch Friedensmärsche und weitere öffentliche Veranstaltungen Vorschub leisten sollte. Die DDR war offiziell beteiligt, und auch die unabhängigen Gruppen engagierten sich überall im Land. Da der Besuch Honeckers in der Bundesrepublik unmittelbar bevorstand, hielt sich die Staatsmacht mit Repressionsmaßnahmen zurück. Nur unter dieser spezifischen Konstellation war der „Pilgermarsch" vom 5. September möglich; es kam zu Sympathiebekundungen der Bevölkerung, und Passanten reihten sich spontan ein. Allein der Umstand, dass eine solche Veranstaltung möglich war, ließ Hoffnung aufkeimen, denn es schien sich etwas zu bewegen im Land der politischen Betonköpfe. Sehr bald sollte mit den Ereignissen um die Umweltbibliothek klar werden, dass diese Hoffnung unrealistisch war, doch es war ein Fanal gesetzt: Die unabhängige Friedensbewegung hatte sich im öffentlichen Raum präsentiert, auf ihre Anliegen eindringlich aufmerksam gemacht – und die Staatsmacht schaute zu, ohne einzugreifen. Eine solche Erfahrung war neu, den Beteiligten nicht mehr zu nehmen und sollte sich zwei Jahre später verselbständigen.
Insgesamt erlebte die oppositionelle Szene 1987 einen spürbaren Aufschwung, ohne freilich eine geschlossene Bewegung zu sein, die mit einheitlichen Zielen und klarem Kalkül agierte. Doch die geschilderten Ereignisse

[99] Informationen des MfS über weitere Hinweise zum „Kirchentag Berlin '87" der Evangelischen Kirche in Berlin-Brandenburg vom 29.6.1987, in: StAufarb, Bestand Rainer Eppelmann, Nr. 229, dort auch die Losungen der Spruchbänder.

[100] Wolle, Die heile Welt der Diktatur, S. 280.

trugen ohne Zweifel dazu bei, das Selbstbewusstsein zu stärken und neue Strategien zu entwickeln. Oppositionelles Handeln war im ganzen Jahr spürbar gewesen; was unter den gegebenen Umständen noch fehlte, war die klare, uneingeschränkte Herausforderung an die bestehenden Machtverhältnisse. Bis es dazu kam, sollten noch einige Umwege beschritten werden, doch schon 1989 war es so weit.

4. Fazit. Auf dem Weg zur Friedlichen Revolution?

Wie jedes Jahr, so wandte sich Erich Honecker auch Ende 1986 an sein Volk und wagte einen Ausblick auf die kommenden Monate: „1987 wird ein Jahr großer Ereignisse und nicht weniger Bewährungsproben in unserer Arbeit, in unserem Kampf sein.“[101] Er sollte Recht behalten. Endlich konnte er offiziell in die Bundesrepublik reisen, und die 750-Jahr-Feier Berlins zeigte eine moderne, weltoffene DDR. Doch jenseits dieser Inszenierungen war das Bild weit trüber, der Kampf viel härter. Über dem Land lag mehr als nur ein Hauch von Agonie. Die sozialistischen Utopien hatten im tristen Alltag ihre Wirkungsmächtigkeit verloren, und immer weniger war die Bevölkerung bereit, den überholten Parolen der Partei bedingungslos zu folgen. Und die kleine Schar politisch Engagierter, die die SED-Diktatur offen herausforderten, war einfach nicht mundtot zu machen. Vordergründig schien die DDR stabil wie selten zuvor, tatsächlich jedoch bröckelte es an allen Ecken und Enden.

Der Weg zur Friedlichen Revolution von 1989/90 war damit aber noch nicht zwingend vorgezeichnet. Gerade die Gleichzeitigkeit von Stabilität und Niedergang verdeutlicht, dass wichtige Entscheidungen noch nicht getroffen, grundlegende Weichenstellungen noch nicht erfolgt waren. Gleichwohl wurden die bestehenden Probleme im Lauf des Jahres immer spürbarer. Daraus resultierten Entwicklungen, die das System noch nicht ernsthaft in Bedrängnis brachten, sich aber mittelfristig als Voraussetzungen für die Friedliche Revolution erweisen sollten. Die kleine, aber vielgestaltige Opposition begann, das schützende Dach der Kirche zu verlassen und nutzte in den Auseinandersetzungen um die Umweltbibliothek konsequent jene Möglichkeiten, die ihr die Öffentlichkeit bot. Wie exemplarisch gezeigt, wurde 1987 wiederholt deutlich, dass hier ein Schwachpunkt des SED-Regimes lag – Öffentlichkeit und Diktatur waren nur schwer vereinbar. Die Überwindung des Informations- und Meinungsmonopols der Partei sollte daher von Anbeginn eine zentrale Forderung der Friedlichen Revolution werden.

Aus den pompös inszenierten Feierlichkeiten zum Berliner Stadtjubiläum ergaben sich schwere finanzielle und materielle Belastungen für das Land. Augenscheinlich darauf ausgerichtet, die Feiern im Westteil der Stadt zu überstrahlen, wurde ein Staatsfest inszeniert, bei dem die Kosten keine Rolle spielten. Vor allem die Regionen der DDR, im Vergleich zu Berlin von

[101] Erich Honecker, Allen Bürgerinnen und Bürgern der DDR ein friedliches und glückliches neues Jahr, in: ND, 31.12.1986, S. 1.

jeher benachteiligt, hatten die notwendigen Mittel aufzubringen. Diese Ausprägung des sozialistischen Zentralismus sorgte für erhebliche Unruhe im Land, selbst in Berlin regte sich Protest. Kurzfristig erreichte die SED-Führung mit der Inszenierung trotzdem ihre Ziele. Honecker gerierte sich als menschenfreundliches Staatsoberhaupt, das seinem Volk ein wundersames Spektakel offerierte. Insbesondere mit Blick auf den Historischen Festumzug schien die Rechnung aufzugehen, die Zuschauer waren begeistert. Doch die Begeisterung rührte vor allem daher, dass der Festzug genau das verkörperte, was die DDR eben nicht war: innovativ, aufgeklärt, überraschend und bunt. Im Anschluss ging man nach Hause und musste sich wie immer mit den alltäglichen Problemen herumschlagen: allgemeine Mangelwirtschaft, zerfallende Städte, fehlende Grundrechte usw. Nur zu deutlich wurde dann, dass die politische Führung des Landes wieder einmal an Potemkinschen Dörfern gebaut hatte, jedoch nicht über nachvollziehbare Konzepte für die Zukunft verfügte.

Vor allem aus diesem Grund verabschiedete sich die Jugend zunehmend von der DDR und den von ihr verkörperten Idealen. Die nun schon vierzig Jahre währenden Versprechungen der Partei hatten ihre Bindekräfte weitgehend verloren, die Gegenwart hatte der heranwachsenden Generation wenig zu bieten, und die Zukunft schien noch weniger bereitzuhalten. Natürlich verfügte man im materiellen Sinne über einen akzeptablen Lebensstandard, doch war das schon alles. Unabhängige geistige und kulturelle Entfaltung, Reisefreiheit, alternative Lebensformen, kurz: ein selbst bestimmtes Leben war jenseits dessen, was die Partei für die Jugend vorgesehen hatte. Nur, wer sich bedingungslos ihrem Diktat unterwarf, konnte darauf hoffen, von ihren Segnungen zu profitieren. Gerade im Medienzeitalter, mit der Bundesrepublik und den dortigen Möglichkeiten direkt vor der (freilich kaum zu öffnenden) Tür, erwies sich das als zu wenig. Die Aufgeschlossenheit gegenüber Alternativen wurde damit immer größer, zumal die Staatsmacht zu Pfingsten deutlich demonstrierte, wie wenig sie zu Gesprächen oder Änderungen ihres eingefahrenen Kurses bereit war.

Mit ihrer Ignoranz gegenüber der vorsichtigen Reformpolitik Gorbatschows gab die SED-Spitze zudem klar zu erkennen, dass sich generell nur wenig ändern würde. Während die Bevölkerung erstmals seit vielen Jahren hoffnungsvoll in Richtung Moskau schaute, übte sich die Machtelite in Abgrenzung. Selbst innerhalb der Partei wuchs die Resignation. Zu offensichtlich war das Festhalten ihrer Führung an sinnentleerten Legitimationsstrategien und überholten Handlungsoptionen. Aus dieser Resignation resultierte kein Aufbegehren gegen die Parteispitze, die Mitglieder erfüllten ihre Pflichten in

der übergroßen Mehrheit weiter. Doch die Bereitschaft, sich über die Mindestanforderungen hinaus für die Sache des Sozialismus zu engagieren, schrumpfte unter diesen Voraussetzungen. Einheit und Reinheit der Partei waren längst einem Erosionsprozess unterworfen.
Und was für die Partei galt, galt für die Gesellschaft, für die „normalen" Bürger, erst recht. Man hörte die immer gleichen Parolen, hatte mit den immer gleichen Problemen zu kämpfen und sah kaum eine Chance auf nachhaltige Verbesserung. Wie die zitierten Untersuchungen des Ministeriums für Staatssicherheit eindringlich zeigen, war der Grad der Desillusionierung schon 1987 erschreckend hoch. Noch schwieg die Menge, doch zeigte sie zumindest partiell erste Aktivitäten. Die Mahnwachen vor der Zionskirche wurden auch von durchschnittlichen DDR-Bewohnern versorgt, und die unabhängige Demonstration am 5. September fand auch unter diesen Zustimmung. Das waren ganz eindeutig Ausnahmeerscheinungen, doch für kurze Momente wurde deutlich, welche Möglichkeiten sich eröffnen würden, falls es hier zu einer weiteren Annäherung käme.
Zu keinem Zeitpunkt gelang es der SED-Führung, Strategien zu entwickeln, die geeignet waren, den vielfältigen Herausforderungen im Sinne der eigenen Machtsicherung erfolgreich zu begegnen. Genau aus diesem Grund wurden die schon 1987 erkennbaren Krisenerscheinungen – neben den grundlegenden Defekten der Diktatur – letztlich zu Ursachen, zu Bestimmungsfaktoren der Friedlichen Revolution. Indem die politischen Entscheidungsträger unbeweglich auf ihrem Machtmonopol beharrten, ohne auf aktuelle Entwicklungen zu reagieren, erhöhten sie den Handlungsdruck beständig. In den letzten Jahren der DDR wuchs sowohl das oppositionelle Engagement als auch die Unzufriedenheit der Bevölkerung. Als beide Entwicklungen kulminierten, sowohl die Aktiven als auch die Unzufriedenen auf die Straße gingen, entwickelte sich daraus jene systemsprengende Dynamik, die das schnelle Ende des Landes hervorbrachte.

5. Interviews

Bärbel Bohley, geb. 1945, seit 1974 als freischaffende Malerin in Ost-Berlin tätig; 1982 Gründungsinitiatorin des unabhängigen Netzwerkes „Frauen für den Frieden", 1983 sechs Wochen in MfS-Haft wegen „Verdachts auf landesverräterische Nachrichtenübermittlung", nach internationalen Protesten entlassen; 1985/86 Mitbegründerin der oppositionellen „Initiative für Frieden und Menschenrechte"

An der Weggabelung. Die Opposition im Jahr 1987

Jens Schöne: Frau Bohley, aus Sicht der SED-Führung war das Jahr 1987 von einem hohen Maß an politischer Stabilität geprägt. Erich Honecker wurde in Bonn empfangen, und innenpolitisch suggerierten die pompösen 750-Jahr-Feiern Berlins ein hohes Maß an Übereinstimmung zwischen Herrschaft und Gesellschaft. Welche Erinnerungen verbinden Sie mit diesem Jahr?

Bärbel Bohley: Rückblickend betrachtet, gab es bis 1989 durchgängig das Gefühl eines gewissen Druckes und zudem jede Menge Aktivitäten. Gerade im Zusammenhang mit dem Honecker-Besuch habe ich intensiv über die anstehenden Probleme nachgedacht, insbesondere über das deutsch-deutsche Verhältnis. Einige von uns waren von der Jungen Union in die Bundesrepublik eingeladen worden, und wir haben kontrovers diskutiert, ob wir eine solche Einladung annehmen sollten. Schließlich waren wir nicht unbedingt alle Anhänger der dahinterstehenden Partei. Letztlich hat die CDU einen Rückzieher gemacht, und wir durften nicht fahren. Damit war die SED-Führung natürlich zugleich der Notwendigkeit enthoben, unseren Reiseantrag überhaupt erst abzulehnen.
Die Empörung war schon groß, dass Honecker in Bonn, Saarbrücken usw. empfangen wurde. Das war eine Reaktion der CDU auf die SPD-Politik, aber nicht auf das, was sich hier im Osten zusammenbraute. Und man konnte damals schon sehr deutlich spüren, dass es brodelte. Natürlich war das Ende der DDR, von dem wir nur noch zwei Jahre entfernt waren, nicht vorherzusehen, doch es rumorte unübersehbar. Insofern war das Jahr 1987 für mich keineswegs ein Jahr der Stabilität. Nehmen wir das Beispiel Zionskirche und Umweltbibliothek. Als wir mitbekamen, was da ablief, wie

die Stasi zugriff und „aufräumte", haben wir versucht, die Kirchenleitung zu bewegen, sich sofort darum zu kümmern. Doch nichts passierte. Letztlich sah das für mich wie ein Komplott aus.

Ein Komplott?

Zwischen Staat und Kirchenleitung. Beide wollten Stabilität, doch die gab es in der Realität gar nicht mehr. Es kochte an allen Ecken und Enden.

Also schlug sich das außenpolitische Renommee der DDR zu diesem Zeitpunkt nicht als innenpolitische Stabilität nieder?

Ich würde sagen: Nein. Dieser Gedanke ist abwegig. Die Politik brauchte ihre Erfolge, und die hat sie sich geschaffen. Der Honecker-Besuch war ganz sicher ein solcher Erfolg. Aber die Menschen, die beurteilten das anders. Ich kenne niemanden, der an den Besuch in Bonn irgendwelche innenpolitischen Hoffnungen geknüpft hätte.

Haben Sie als prominente Vertreterin der DDR-Opposition die deutsch-deutsche Annäherung auf politischer Spitzenebene als Rückschlag für Ihre eigene Arbeit empfunden?

Nein, weder als Rückschlag noch als besonders hilfreich. Das war ein bisschen wie mit Gorbatschow. Er war entgegen unserer heutigen Wahrnehmung kein großer Reformer, sondern vor allem Pragmatiker. Man musste halt mit den gegebenen Bedingungen zurechtkommen. Natürlich ist es immer gut, miteinander zu sprechen. Deshalb konnte man das Treffen nicht verurteilen. Aber große Hoffnungen haben wir daran nicht gebunden. Ich war mir damals darüber im Klaren, dass Veränderungen vor allem von unserer Seite kommen müssten. Die Politiker reden munter auf den roten Teppichen, und trotzdem wird sich für uns nicht viel verändern. Das müssen wir selbst machen. Aber auch darüber gab es selbstredend unterschiedliche Meinungen. Eine einheitliche DDR-Opposition, die mit einer einzigen Stimme sprach, gab es zu keinem Zeitpunkt. Das muss man immer mitdenken.

Was waren Ihre Erfahrungen hinsichtlich der pompös inszenierten 750-Jahr-Feier Berlins? Liest man heute die diesbezüglichen Akten, so ist man schon sehr an das Prinzip von „Brot und Spielen" erinnert, mit dem das Volk ruhig gestellt werden sollte.

Wissen Sie, ich bin Berlinerin. Ich habe im Prenzlauer Berg gelebt, die gesamte Bausubstanz war hier vollkommen marode. Für mich waren die Feiern nur eine Provokation, eine Inszenierung, die nichts mit der Realität zu tun hatte. Insofern hat mich das Thema schlicht nicht tangiert.

Gleichwohl fürchtete das Ministerium für Staatssicherheit massive Störmaßnahmen von Seiten der Opposition. Gab es dafür Pläne?

Wir haben natürlich immer versucht, derartige Gelegenheiten zu nutzen, um etwas Öffentlichkeit herzustellen. Insofern würde es mich nicht im Geringsten wundern, wenn es tatsächlich konkrete Pläne gegeben hätte. Für mich selbst kann ich das in diesem speziellen Fall jedoch ausschließen. Wie gesagt, als Berlinerin konnte ich den Feierlichkeiten nichts abgewinnen. Darüber hinaus wäre aber zu prüfen, welche Aktivitäten es gab.

Selbst diejenigen, die von einer Stabilität der DDR ausgehen, betonen die Bedeutung des Kirchentages von Unten im Juni und des Olof-Palme-Friedensmarsches im September 1987 für die Entwicklung bürgerschaftlichen Engagements in der DDR.

Das ist durchaus richtig, doch gibt es ganz klare Unterschiede zwischen den beiden Ereignissen und ihren Bedeutungen. Der Kirchentag von Unten war im Prinzip noch immer eine Insider-Veranstaltung. Da trafen sich jene Leute, die sich ohnehin seit Jahren kannten und engagierten.
Der Olof-Palme-Friedensmarsch hingegen war etwas ganz anderes. Daran nahmen viele Personen teil, die sich vorher nie öffentlich artikuliert hatten. Diese Öffentlichkeit, die mit dem Marsch einherging, war von großer Bedeutung. Es zeigte sich hier in aller Deutlichkeit, dass in der DDR eben keine sozialistische Menschengemeinschaft lebte, die brav den Vorgaben der Partei folgte. Zudem machte der Marsch deutlich, dass wir heraus mussten aus der Kirche. Kirchlicher Raum und Öffentlichkeit – das ging letztlich nicht zusammen.

Also war der Schritt von eher kleinen oppositionellen Zirkeln hin zu einem stärkeren, auch öffentlich gezeigten Engagement 1987 durchaus spürbar?

Ich glaube schon, dass 1987 ein wichtiger Meilenstein erreicht war. Erkennbar mehr Leute mischten sich ein und bekannten sich zu ihrer Meinung. Daraus sollten sich letztlich die Wahlbeobachtungen und viele andere Aktionen entwickeln. Dieses Engagement hat sich 1987 deutlich verstärkt, ohne Zweifel. Die Zionskirche war ja auch voll, nachdem das MfS die Umweltbibliothek besetzt hatte. Da sind einfache Leute gekommen, haben für die Mahnwachen Brötchen gebracht oder heißen Tee. So etwas gab es zuvor so gut wie gar nicht. Das stand ganz eindeutig im Gegensatz zur offiziellen Einschätzung, dass die DDR so stabil sei wie selten zuvor. Diese Einschätzung zeugt von Blindheit, nicht von der Wahrnehmung der Realität.
Dieses neuartige Engagement war für uns durchaus ein Zeichen der Hoffnung. Denn es zeigte, dass wir, die „Schmalspur-Opposition", von der Bevölkerung wahrgenommen wurden. Man beobachtete uns anscheinend, so gut man konnte, auch wenn man selbst weit davon entfernt war, sich als Oppositioneller zu begreifen. Und 1987 dann wurden immer mehr Leute aktiv, bezogen Stellung und sagten ihre Meinung. Ich hatte zu diesem Zeitpunkt schon den Eindruck, dass wir mit unserer nonkonformen Haltung nicht allein waren und Sympathien genossen, die nun auch offen gezeigt wurden. Da gab es schon das Gefühl, dass sich hier etwas herauskristallisiert, das von grundlegender Bedeutung ist.

Was aber veranlasste die Leute, plötzlich offen in Erscheinung zu treten? Im Allgemeinen entscheidet man so etwas ja nicht aus einer Laune heraus.

Ich denke, hier kamen längerfristige Entwicklungen zum Tragen. Ich selbst war ja eine der Älteren in der Opposition und hatte meinen Platz als Malerin schon einmal gefunden. Der größte Teil waren jedoch Jugendliche – und die wollten ihren Platz erst noch finden. Doch genau dafür ließ ihnen der Staat keinen Raum. Da entwickelte sich natürlich das Gefühl, dass es so nicht weitergehen könne. Oder nehmen Sie den überwiegenden Teil der Bevölkerung. Da gab es nur wenig direkten Druck, doch es gab auch kaum Luft zum Atmen. Überall machte sich eine Art Müdigkeit breit, die Leute waren schlicht frustriert. Man schaute auf sein Leben und fragte sich, ob das jetzt alles gewesen sein sollte. Diese Müdigkeit sollte sich bis zum 40. Jahrestag der DDR noch gewaltig steigern, doch sie war auch 1987 schon da. Der Geduldsfaden war gespannt, und es entwickelte sich zumindest eine latente Bereitschaft, das Leben weit mehr als bisher in die eigenen Hände zu nehmen. Das wurde bei vielen, vielen Menschen zu einer Art Grundhaltung, und für mich ist es die Voraussetzung dafür, dass man auf die Massen hoffen darf.

Das würde zumindest erklären, warum 1989 dann so viele Menschen in so kurzer Zeit auf die Straße gingen und ihre Frustration mit den bekannten Folgen sichtbar machten.

Ja, die erwähnte Bereitschaft, sein Leben selbst gestalten zu wollen, bildete wohl jenen Tropfen, der das Fass letztendlich zum Überlaufen brachte. Insofern überraschte mich diese Dynamik 1989 nicht sonderlich. Natürlich hatte ich nicht mit den Auswirkungen gerechnet, dem Mauerfall und der staatlichen Vereinigung. Aber das war die Stimmung des Augenblicks: Jetzt oder nie – oder zumindest für lange Zeit nicht. Und diese Bereitschaft, etwas zu tun, war schon 1987 auch über die oppositionellen Kreise hinaus spürbar. Damit war noch nichts entschieden, aber ein Meilenstein war es ganz sicher. Oder besser noch: eine Weggabelung, die sich sehr bald als richtungsweisend herausstellen sollte.

Frau Bohley, ich danke Ihnen für das Gespräch.

Eberhard Diepgen, geboren 1941, war 1984 bis 1989 in der Nachfolge Richard von Weizsäckers und erneut 1991 bis 2001 Regierender Bürgermeister von Berlin. Seine Erfahrungen und Einschätzungen fasste er 2004 in dem Buch „Zwischen den Mächten. Von der besetzten Stadt zur Hauptstadt“ zusammen.

Möglichkeiten und Grenzen einer geteilten Stadt

Jens Schöne: Herr Diepgen, das Jahr 1987 stand für Berlin vor allem im Zeichen des 750. Stadtjubiläums. Wenn Sie heute darauf zurückblicken, wie beurteilen Sie die Feierlichkeiten und was ist davon geblieben?

Eberhard Diepgen: Ullrich Eckardt hat als Beauftragter des Senats mit Blick auf das doppelte Fest in Ost und West eine Symbiose von Darstellung der Stadtgeschichte, der Auseinandersetzung mit den geistigen Strömungen der Zeit und einer fröhlichen Feier der Berliner und ihrer Gäste erreicht. Das Jubiläum wurde für die Stadtwerbung und die Darstellung ihrer Lebenskraft genutzt. Mit Staatsbesuchen wurde Solidarität mit der Viermächtestadt demonstriert. Und: Es ging dem Senat und auch mir persönlich vor allen Dingen darum, nicht nur zu feiern, sondern auch Bleibendes zu schaffen. Wenn man heute durch Berlin geht, dann sieht man das an den Skulpturen am Kurfürstendamm, man sieht es in der Fasanenstraße am Literaturhaus, der Griesebauchvilla und auch dem Käthe-Kollwitz-Museum, man sieht es am Glockenturm an der Kongresshalle. Von großen Unternehmen haben wir uns nicht Feste sponsern lassen, sondern den Aufbau historischer Gebäude. Die 750-Jahr-Feier war in West-Berlin – Gleiches gilt übrigens auch für Anstrengungen im Ostteil der Stadt – unmittelbar mit baulicher Rekonstruktion verbunden, mit städtebaulichen und architektonischen Impulsen und wichtigen Entscheidungen für die wissenschaftliche und kulturelle Weiterentwicklung der Stadt. Zwei Beispiele will ich hier besonders erwähnen, erstens das Deutsche Historische Museum und zweitens die Akademie der Wissenschaften. An den Punkten lässt sich die Philosophie der 750-Jahr-Feier festmachen: die Freude der Menschen, die bewegenden Bilder aus der Stadt, die Bekräftigung des Anspruches Berlins, doch Hauptstadt von ganz Deutschland zu sein. Die Akademie der Wissenschaften war als Impuls für eine nationale, gesamtstaatliche Akademie in einer für Akademien neuen Organisationsform gedacht. Leider gab es darüber ideologische Streitigkeiten. Rot-Grün hat diese Akademie bekämpft und nach der Regierungsbil-

dung 1989 die Auflösung beschlossen. Durch die schnelle Abwahl dieser Regierungskonstellation im Jahre 1990 und die Wiedervereinigung wurde die neue Akademie dann mit der Akademie der Wissenschaften aus dem Ostteil der Stadt verbunden. Besondere Impulse der Jubiläumsgründung spiegeln sich in der heutigen Akademie wider.
Das Deutsche Historische Museum war als eine Schenkung der Bundesrepublik Deutschland an Berlin gedacht. Es war durchaus eine bewusste Entscheidung, dieses Museum in Berlin zu errichten und damit den Anspruch als gesamtdeutsche Hauptstadt zu unterstreichen. Heute steht am ursprünglich ausgewählten Ort - 1987 gab es schon eine feierliche Grundsteinlegung für das Museum - das Kanzleramt. Aber die Grundentscheidung, ein Deutsches Historisches Museum in Berlin zu realisieren, ist damals getroffen worden. Nach der Wiedervereinigung wurde an die Schenkung aus dem Jahre 1987 angeknüpft, die neuen Möglichkeiten in Ost und West geprüft und das Zeughaus als Standort gewählt. Ich bin allerdings auch im Rückblick davon überzeugt, dass die Bonner Republik ohne den beschriebenen Vorlauf und das Engagement von Helmut Kohl in Berlin kein Deutsches Historisches Museum hätte entstehen lassen. Das Haus der Geschichte in Bonn war eine mächtige Standortkonkurrenz. Mit dem Ausbau des Zeughauses und dem modernen Pei-Bau wurde auch architektonisch und konzeptionell an 1987 angeknüpft. Wir setzen instand, wahren den historischen Bezug und wagen Modernität im Neubau.

Eine moderne Architektur, die zugleich das historische Werden der Stadt reflektiert?

Die 750-Jahr-Feier war in Bezug auf die Architektur ohne Zweifel Rekonstruktion und Neubau zugleich. Das zieht sich ja durch die gesamte Geschichte Berlins und spielte auch als architektur- und stadtplanerische Grundentscheidung nach der Wiedervereinigung eine ganz entscheidende Rolle. Hart umkämpft, durchgesetzt auch in Hinblick auf die Bauten des Bundes hier in Berlin, aber wichtig, weil in dieser zerstörten Stadt so viel Historie wieder spürbar werden sollte wie möglich. Das kann man an verschiedensten Gebäuden sehen, die rekonstruiert oder gar neu gebaut worden sind. In vielen Fällen wurden Moderne und Historie zusammengeführt. Ich finde, der Preußische Landtag ist da noch besser gelungen als der Reichstag, aber beide stehen für dieses Konzept.

Sie haben bereits den Anspruch auf Berlin als gesamtdeutsche Hauptstadt erwähnt. Die Realitäten des Jahres 1987 sahen jedoch anders aus, die Teilung der Stadt war allseits manifest. Das dürfte nicht ohne Auswirkungen auf die Vorbereitung der Jubiläumsfeierlichkeiten geblieben sein. Inwiefern sahen Sie gleichwohl Möglichkeiten, die Feierlichkeiten als verbindendes Element zwischen beiden Stadtteilen zu nutzen?

Wir haben die Gefahr gesehen, dass zwei Feiern in einer Stadt die Teilung international noch stärker deutlich machen und bekräftigen. Das wäre eine Symbolik gegen die Grundidee Berlins als gesamtdeutsche Hauptstadt gewesen, zudem eine Symbolik gegen die notwendige Überlebensfähigkeit des Westteils der Stadt. Nach der Entwicklung der vorangegangenen Jahre und der Parallelität von Theaterfestspielen, von Sportaktivitäten, von Messeveranstaltungen und anderem war davon auszugehen, dass hier abermals eine Wettbewerbssituation entstehen würde. Dieser musste sich der Westteil der Stadt stellen. Im Ostteil war der Wettbewerb frühzeitig beschlossen worden und deutlich spürbar. Damit tauchte die Frage auf, wie man eine Klammer herstellen kann, die diesen Eindruck der Teilung vermeidet. Und die Antwort konnte nur lauten: Die Stadt als eine Einheit begreifen. Das fing mit den korrekten Namensbezeichnungen an. Also nicht Feiern in „Westberlin" – in einem Wort geschrieben und in der Zielrichtung des Ostblocks eine ganz andere Stadt als Berlin – und in „Berlin (Hauptstadt der DDR)", ganz im Sinne von zwei unabhängigen Teilen, sondern ein Stadtjubiläum oder wenigstens durch die gegenseitige Beobachtung terminlich abgestimmte und sich zumindest zum Teil inhaltlich ergänzende Feierlichkeiten. Angestrebt wurden symbolische Akte, die die Gemeinsamkeit betonten.

Alle grundsätzlichen Entscheidungen standen dabei unter dem Vorbehalt alliierter Zustimmung. Wie agierten die West-Alliierten in Bezug auf die 750-Jahr-Feier? Gab es Vorbehalte gegen ein allzu großes Engagement oder gar vorbehaltlose Zustimmung? Zumindest die Einladung an Erich Honecker, an den Feierlichkeiten im Westteil der Stadt teilzunehmen, bedurfte doch wohl intensiver Absprachen.

Die Überzeugung, dass es bei der 750-Jahr-Feier auch deutliche Klammern zwischen beiden Stadtteilen geben müsse, hatte bei uns zu der Überlegung geführt, auch Honecker, der Vorsitzender des Organisationskomitees im Ostteil der Stadt war, einzuladen. Zuvor hatte er eine Einladung an mich ausgesprochen. Der Grundidee des Stadtjubiläums – das möchte ich ausdrücklich betonen – standen die Alliierten positiv gegenüber, unterstützten sie engagiert auch durch ihre Staatsbesuche und initiierten eigene Beiträge. Schwieriger war es bei jenen Fragen, die den Status der Stadt berührten. Wer kann unter welchen protokollarischen Bedingungen eingeladen werden? Welche westdeutschen Politiker sollten … die Einladungen annehmen, die von der DDR bei unterschiedlicher Berücksichtigung der protokollarischen Fragen breit gestreut wurden? Das war die so genannte Besuchsdiplomatie, die von jeher ein schwieriges Feld war. Einladungen in die eine wie in die andere Richtung haben die Alliierten mit Skepsis, in öffentlichen Reaktionen mit ausgesuchter Höflichkeit, aber im Ergebnis wohl doch mit großem Misstrauen verfolgt. Dabei konnten sie auf eine äußerst zurückhaltende, um nicht zu sagen demonstrativ ablehnende Position eines Teils der West-Berliner Öffentlichkeit vertrauen. Alle Bemühungen, den Status der Stadt nicht nur strikt einzuhalten und voll anzuwenden – das war die gängige Formel –, sondern ihn auch voll auszuschöpfen, zeitgemäß zu interpretieren und neue Handlungsspielräume zu eröffnen, führten schnell zu Ängsten um die Sicherheit West-Berlins.

In den dortigen Tageszeitungen gab es, wenn ich das richtig sehe, einen ablehnenden Konsens bezüglich eines möglichen Honecker-Besuchs.

Tagesspiegel und *Morgenpost* haben massiv dagegen gewettert. Und das ist eine vorsichtige Formulierung. In Statusfragen war aus meiner Sicht ohnehin immer der vorbeugende Gehorsam der wichtigsten Kommentatoren in Zeitungen des Westteils der Stadt gegeben. Bei den vielfältigen Gesprächen mit den Regierungen der Westmächte gab es hingegen nie ein klares Nein. Im Gegenteil. Das müsse abgestimmt werden, hieß es, man müsse abwarten, wie die Bundesregierung sich dazu verhält. Je niedriger die administrative Ebene war, desto deutlicher wurde der Widerstand.
Bemerkenswert war allerdings die Argumentationsweise der Alliierten. Man muss sich dabei vor Augen halten, dass es unterschiedliche Interpretationen des Vier-Mächte-Status' nicht nur zwischen Ost und West, sondern auch zwischen der Bundesrepublik Deutschland und den West-Alliierten gab. Hinzu kamen spürbare Unterschiede in der Betrachtung durch die einzelnen Regierungen der West-Alliierten. Ich greife nur einen Punkt heraus, der im Zusammenhang mit der Diskussion um eine mögliche Einladung Honeckers nach West-Berlin sogar zu einer neuen alliierten Interpretation der möglichen Präsenz des Bundes in Berlin führte. Die Westalliierten teilten im Grundsatz die östliche Auffassung, dass Vertreter des Bundes in Berlin

keine offiziellen Funktionen wahrnehmen dürften. Der Bundespräsident sollte in seinem Berliner Amtssitz beispielsweise keine Bundesgesetze unterzeichnen. Das alles führte sogar dahin, dass dem Bundesaußenminister zugemutet wurde, bei offiziellen Empfängen für Staatsgäste – deutscher Gastgeber war in Berlin immer der Regierende Bürgermeister – durch eine Nebentür in das Rathaus Schöneberg zu gehen. Was der im Übrigen, ich denke da an Genscher, demonstrativ ignorierte. In diesen Zusammenhang gehört auch jene Geschichte, dass der französische Staatspräsident und der deutsche Bundeskanzler gemeinsam nach Berlin flogen, aber der Bundeskanzler dann klammheimlich den Flughafen Tegel verlassen musste, während die ganzen protokollarischen Empfangszeremonien für den französischen Staatspräsidenten in seiner Abwesenheit stattfanden. Bei der 750-Jahr-Feier haben die Alliierten diese Position aufgegeben. Zunächst argumentierten sie, dass Honecker auch aus seiner Sicht gar nicht nach Berlin-West kommen könne, weil er es ablehnen müsse, hier Repräsentanten der Bundesrepublik Deutschland zu treffen. Dann drängten sie auf eine möglichst umfassende Bundespräsenz im Jubiläumsjahr. Das alles hatte positive Auswirkungen. Im Ergebnis akzeptierten die Westalliierten eine stärkere politische Bindung Berlins an die Bundesrepublik. Heute ist das alles kaum noch verständlich zu machen. Aber damals war es ein wichtiger Fortschritt. Im Rahmen der 750-Jahr-Feier durfte erstmals ein Bundespräsident Staatsoberhäupter der Alliierten in seinem Berliner Amtssitz begrüßen.

Einfach formuliert, haben die Alliierten jedoch sehr viel versucht, um den Berliner Senat letztlich von einer Einladung Honeckers abzuhalten. Gleichwohl haben sie aber das Ziel akzeptiert und verstanden den Versuch, die Teilung der Stadt nicht noch stärker zu demonstrieren. Ihre Rechte basierten ja auch auf dem Viermächtestatus für ganz Berlin. Ich behaupte, im Ergebnis haben viele ihrer Repräsentanten darauf vertraut, notfalls gemeinsam mit der Sowjetunion unerwünschte Alleingänge der Deutschen in Ost und West unterbinden zu können. Seit den großen Berlinkrisen galt die Feststellung: In Berlin haben wir das große Problem einer Konfrontation zwischen den Blöcken und gleichzeitig die Verpflichtung der Blöcke, alles zu tun, um es nicht zu einer verschärften Konfrontation kommen zu lassen. Deswegen: „*Agree to not agree*“ als Handlungsgrundlage. Äußerste Zurückhaltung bei Briten und Franzosen, stärkere Bereitschaft zu politischen Offensiven – Ronald Reagan verband den Geburtstagsbesuch mit seiner Forderung „*Mr. Gorbatschow, tear down the wall*“ – bei den Amerikanern.

Nichtsdestotrotz war es dann ja offensichtlich, so schreiben Sie es in Ihrem Buch „Zwischen den Mächten“, dass die sowjetische Seite intervenierte und den Besuch Honeckers in West-Berlin damit verhinderte. Sehen Sie das heute auch noch so? Und wenn ja, was sind die Ursachen dafür, dass es dann doch nicht zu einer Einigung zwischen den Alliierten kam?

Eine Einigung zwischen den Alliierten halte ich sogar für wahrscheinlich, wenn auch anders, als in Ihrer Frage formuliert. Es gab offensichtlich ein gemeinsames Interesse, den Besuch zu unterbinden. So sehe ich das heute und habe es so auch im Laufe der Verhandlung um diese Besuchsdiplomatie gesehen. Honecker wollte mehr Handlungsspielraum haben, und auch für den Senat von Berlin ging es darum, den Aktionsradius zu vergrößern. Berlin war die Stadt, die von der Ost-West-Konfrontation am stärksten betroffen war. Sie war durch ihren besonderen Status aber gebremst, selbst aktiv in diesem Prozess eine Rolle zu spielen. Sehr einfach und salopp formuliert sah man das daran, dass alle Ministerpräsidenten der Bundesländer, und zwar quer durch die Parteien, am liebsten zu Herrn Honecker auf den Schoß krabbelten, um damit innenpolitische Bilder und wirtschaftspolitische Erfolge zu erzielen. Der Regierende Bürgermeister von Berlin aber war in seinem Agieren eingeschränkt. Er konnte nur begrenzt tätig werden, und auch seine Besuchsmöglichkeiten in der DDR waren immer etwas komplizierter.
Nach meinem heutigen Eindruck spricht alles nach wie vor dafür, dass die Sowjetunion Honecker den gewünschten Spielraum nicht zugestehen wollte. Einen kurzen Augenblick sah es so aus, dass die Besuchsbeauftragten Detlef Stronk und Kurt Löffler sogar die schwierige Frage einer möglichen Rede Honeckers lösen könnten. Dazu wurde das Essen nach der Großveranstaltung im ICC protokollarisch aufgewertet. Der Sowjetunion wurde das alles zu unsicher, und sie hat dann schlicht und ergreifend die gesamte Geschichte gebremst. Meiner Ansicht nach ist es zwischen Vertretern der Alliierten zu einer Verabredung gekommen. Über die *Berliner Morgenpost* wurde ein Brief von mir als provozierende Neuigkeit veröffentlicht und aufgebauscht. Es war ein bereits Jahre zurückliegender und durch die aktuellen Verhandlungen längst überholter Appell an die Ministerpräsidenten der Länder, bei einem weiteren Boykott von West-Berlin keinen Jubiläumseinladungen nach Ost-Berlin zu folgen. Ost-Berlin hatte darauf zu reagieren und musste die bereits ausgesprochene Einladung an mich zurücknehmen. Damit hatte sich das Thema gegenseitiger Einladungen erledigt.

Trotz der pompösen Vorbereitungen, die in Ost-Berlin betrieben wurden, verliefen die Feierlichkeiten dort nicht gänzlich ungetrübt. Im Verlauf des gesamten Jahres kam es immer wieder zu so genannten „Republikfluchten", bei denen es DDR-Bürgern gelang, die Mauer zu überwinden. Wiederholt setzten die ostdeutschen Grenztruppen in solchen Situationen Schusswaffen ein. Zugleich entwickelte sich langsam eine Opposition in der DDR, die den allumfassenden Machtanspruch der SED infrage stellte. Nahmen Sie diese Entwicklungen wahr? Drangen diese Prozesse nach außen?

Heute weiß ich, dass es im Frühjahr 1987 ein Todesopfer gegeben hat. Damals gab es nach einem Grenzzwischenfall die Sorge oder besser den Verdacht, dass wir einen Toten zu beklagen hatten. Der Verbleib eines der Beteiligten war unklar. Es geschah an dem Tag, an dem bei einem Treffen von Stronk und Löffler die offizielle Einladung an Honecker übergeben werden sollte. Das ging natürlich nicht. Wir hatten immer klar herausgestellt, dass ernste Grenzzwischenfälle zu einem Abbruch der Gespräche führen müssten. Stronk konfrontierte seinen Gesprächspartner mit den aktuellen Berichten. Der Verhandlungsführer der DDR reagierte überrascht, wütend und frustriert, er sei über diesen Vorgang nicht informiert. Dann legte er nach, zweifelte die Existenz eines Todesopfers an und stellte den gesamten Zwischenfall in einen bemerkenswerten Zusammenhang. Der Ort des Geschehens sei so gut ausgeleuchtet, dass er schlicht, er, der DDR-Vertreter, davon ausginge, dass es sich um eine von DDR-Stellen organisierte Provokation handele. Ziel sei das Scheitern der laufenden Verhandlungen. Sehr emotional hat er, wie mir unser Verhandlungsführer sagte, reagiert.

Ein anderes Thema waren die verschiedenen Oppositionsbewegungen in der DDR, die im Westen Berlins und in ganz Deutschland natürlich zur Kenntnis genommen und manchmal sogar etwas überbewertet worden sind. Sie waren zu diesem Zeitpunkt noch lange nicht so stark war, wie sie heute ab und zu dargestellt werden. Ich glaube, die Geschichtsschreibung wird bei nüchterner Analyse feststellen, dass das ein langsames Wachsen der Opposition gab, ein zartes Pflänzchen, und dass es vor allem Opposition im Sozialismus und für eine Reform des Sozialismus war. Darüber hinaus gab es aber natürlich auch andere Bewegungen. Für die 750-Jahr-Feier spielte das jedoch nur eine geringe Rolle. Es sei denn, man nimmt dabei Bezug auf die Kirche. Wir haben von Berlin aus eine Fülle von Verhandlungen, von Sondierungen über die Kirche organisiert. Und natürlich gehört dazu auch, dass die Kirche in diesem Zeitraum immer ein Dach für Gruppierungen war, die kritische Positionen zur DDR-Führung formuliert haben.

Nur kurze Zeit nach dem Scheitern der Besuchsdiplomatie in Berlin, im September 1987, weilt Honecker dann als politischer Gast in der Bundesrepublik und wird auch von Helmut Kohl empfangen. Sahen Sie diese Entwicklung aus Berliner Sicht mit Besorgnis? Immerhin hätte daraus eine stärkere Anerkennung der DDR und Ost-Berlins als ihrer Hauptstadt resultieren können.

Man hatte schon ein gemischtes Gefühl, wir alle Beteiligten, auch der Bundeskanzler. Wie kann man die These von dem einen Deutschland aufrechterhalten angesichts der protokollarischen Vorgänge in Bonn? Durch eine Fülle von Reden und Einzelmaßnahmen ist versucht worden, die Grundsatzfragen der Deutschlandpolitik auch gegen den Anschein des Protokolls deutlich darzustellen. Aber es blieb natürlich dabei, dass die internationale Anerkennung der DDR durch den Besuch in Bonn gestärkt worden ist. An der damaligen Entwicklung halte ich es für bemerkenswert, dass die internationale Anerkennung der DDR einerseits immer größer wurde, ihre innere Kraft andererseits aber immer stärker nachließ.
Für die Berliner Politik zählten aber auch andere Dinge. Es gab ja eine Fülle von Berlin-spezifischen Themen, die mit der DDR geklärt werden mussten. Eisenbahnverkehr, Energieversorgung, Besucherverkehr. Ich nenne hier nur einige der wichtigen Punkte. Der Berliner Senat war dort immer begleitend tätig. Die wichtigen Themen wurden fortwährend in Abstimmung mit der Bundesregierung behandelt, und Wolfgang Schäuble war dort in den entscheidenden Phasen der Verhandlungsführer. Der Besuch in Bonn hat das eher befördert, er war ergebnisorientiert im Sinne der Berliner Interessen. Zwei Elemente der Berlin-Politik sollten dabei noch einmal gesondert berücksichtigt werden. West-Berlin konnte als Insel beschrieben werden. Um im Bild zu bleiben, habe ich den Versuch unternommen, Berlin immer mehr zu einer Halbinsel werden zu lassen. Das erfolgte einerseits durch die Stärkung der politischen Bindungen. Dazu gehörte im Übrigen auch – zum Teil im Konflikt mit den Alliierten – ein Abbau von jenen Teilen des Besatzungsrechts, die nicht zur Absicherung der Anwesenheit der Alliierten in Berlin notwendig waren. Und zweitens eine Verstärkung der Bindungen durch einen Ausbau der Verbindungen. Damals sind erhebliche Verbesserungen für die Transitstrecken, die Autobahnen verabredet worden, zudem Grundlagen für erst nach der Wiedervereinigung verwirklichte Eisenbahn-

nien. Die Strom- und Gasversorgung von Berlin konnte aus dem Inselbetrieb an einen Energieverbund angeschlossen werden. Heute wird kaum noch jemand glauben, dass die Leitungen für russisches Erdgas erst nach Niedersachsen und dann wieder zurück nach Osten, nach Berlin, geleitet werden mussten. Zur Energiesicherheit sollten Speicherkapazitäten für den Erdgasverbrauch von einem Jahr angelegt werden. Aber für Berlin wichtig war, dass es mit dem Bonn-Besuch Honeckers neue Chancen gab und ich auch mit meinen Gesprächen nach 1987 beispielsweise im Besucherverkehr sehr konkrete Fortschritte erzielen konnte.

Trotz aller Bedenken wurden in diesem Zusammenhang nicht zuletzt die Voraussetzungen für Verhandlungen gelegt, die dann nach 1989 ganz konkrete Ergebnisse erbringen konnten?

Nein, jedenfalls wenn Sie an die Verhandlungen zum Einigungsvertrag denken. Ja, wenn beispielsweise an die großen Verkehrsprojekte gedacht wird oder die Tatsache, dass „Westbesuche" den Reformbedarf in der DDR verstärkt haben. Es ging in der Deutschland-Politik immer darum, konkrete Ergebnisse zur Verbesserung der Situation der Menschen im geteilten Deutschland und der Entwicklungsmöglichkeiten für Berlin-West zu schaffen und dennoch den Anspruch auf Wiedervereinigung Deutschlands aufrechtzuerhalten. Ich erinnere an das Folgende: Im ersten Jahr meiner Amtszeit als Regierender Bürgermeister gab es noch die heftigen Angriffe der DDR-Regierung auf mich. Meine Forderung nach Wiedervereinigung war der Grund. Erst im Laufe der Zeit ist akzeptiert worden, dass die Option für die Wiedervereinigung und die praktischen Fortschritte bei einem geregelten Nebeneinander in Deutschland Grundelemente der „Berliner" Deutschlandpolitik waren. Das musste nicht nur die DDR akzeptieren, sondern auch ein Teil der Bonner Republik. Aber dieser Teil der Bonner Republik leidet ja noch heute unter den angeblichen Lasten nach dem Mauerfall.

Herr Diepgen, ich danke Ihnen für das Gespräch.

Jakob Ilja, geboren 1959, gründete 1985 mit anderen Musikern in West-Berlin die bis heute aktive Band „Element of Crime". Die Band spielte 1987 zwei inoffizielle Konzerte in der Ost-Berliner Zionskirche, deren zweites durch einen Überfall rechtsradikaler Skinheads überschattet wurde.

Element of Crime. Eine West-Berliner Band in der DDR

Jens Schöne: Herr Ilja, Sie sind in West-Berlin geboren und aufgewachsen. Wie haben Sie vor den Konzerten von 1987 den Ostteil der Stadt wahrgenommen? War das ein graues, unbekanntes Loch?

Jakob Ilja: Nein, Ost-Berlin war kein graues Loch, weil es familiär bedingt immer Beziehungen gab. Ich bin 1959 geboren, nach dem Mauerbau lebte die Patentante meiner Mutter in der Hufelandstraße im Ostteil der Stadt. Meine Großmutter hat mich und meine Schwester im Alter von elf Jahren dann das erste Mal mitgenommen, später wurde das zur Regelmäßigkeit. Wir sind ins Berliner Ensemble gegangen, in die Komische Oper usw. Damit wurde uns gezeigt, dass es hier Bezüge gibt, familiäre und geschichtliche. Was ich damals so natürlich noch nicht begriffen habe.
Die Wahrnehmung des Ostens war gleichwohl geprägt durch die Eingeschlossenheit des Westens, durch die massiven Subventionen, die zu einem Zustand in West-Berlin führten, in dem alles möglich schien. Wenn man sich das anguckt, kulturell, politisch und ökonomisch, dann war ja Berlin in dieser Zeit im absoluten Ausnahmezustand. Das hat es in anderen Städten in dieser Form nicht gegeben, von der ausgeprägten Subkultur bis hin zu einer korrupten Bauindustrie. Das war Ausdruck einer ganz kleinen, in sich geschlossenen Gesellschaft, die mit vielen Subventionen ein doch sehr gemütliches Leben führen konnte. Die Leute haben an der Mauer gewohnt, und es hat sie nicht tangiert, was dahinter tatsächlich passierte. So sind wir alle aufgewachsen und haben das Interesse wie das Engagement für den Osten den Politikern überlassen. Und da ich als Jugendlicher weit links orientiert war, war die DDR zunächst ohnehin eher positiv besetzt. Natürlich ohne wirklich zu wissen, was dort geschah. Es hat ein bisschen gebraucht, bis ich dann aufgewacht bin und das realistischer gesehen habe, die Unterdrückung und viele andere negative Aspekte.
Ich glaube, ich bin nach dem Tod meiner Großmutter jahrelang nicht mehr rübergegangen, und dann gab es diese zwei Konzerte. Silvio Meier, der damals eine wichtige Rolle in der Umweltbibliothek spielte, hat uns eingela-

den. Beim ersten Konzert waren einhundert Leute da, und er meinte: „O.k., wir wiederholen das noch mal mit einer richtigen Anlage und so weiter."

Die Konzerte waren inoffiziell, von Ost-Berliner Seite nicht genehmigt. Wie kam es dennoch zu ihrer Realisierung?

Wir sind als Touristen eingereist, ohne Instrumente, ohne alles. Das war für uns natürlich schon seltsam. Instrumente wurden uns dann in der Zionskirche zur Verfügung gestellt. Das erste Konzert verlief ansonsten in weitgehend geregelten Bahnen. Doch es sprach sich herum; wann spielte schon mal eine Westband? Entsprechend groß war der Andrang beim zweiten Konzert am 17. Oktober 1987. Die Kirche war vollkommen überfüllt, und es gab eine riesige Erwartungshaltung von Seiten des Publikums. Das hat man schon sehr genau gespürt, entsprechend groß war unsere Nervosität.

Zumindest auf offizieller Ebene unterlag der kulturelle Sektor in der DDR einer starken Reglementierung. Wie nicht zuletzt ihre Konzerte zeigen, gab es da jedoch Grenzen. Gleichwohl: War es nicht ein merkwürdiges Gefühl, aus der lebendigen Subkultur West-Berlins in den Osten der Stadt einzutauchen?

Sicher. Das war schon komisch, weil sich zunächst alle Klischees zu erfüllen schienen, wenn man in den Osten kam. Ich hatte den Eindruck, dass hier vieles nur Kopie von bereits Bekanntem sei. Disneyland in Grau, für das man auch noch Eintritt bezahlte. Meine Wahrnehmung resultierte natürlich aus einem Denken, das Wohlstand und Freiheit als normal ansah und deshalb schnell dazu verführte, auf alles andere etwas herabzugucken. Dabei glaube ich nicht einmal, dass ich sonderlich arrogant war. Ich setzte das eigene Umfeld schlicht absolut und war zu Differenzierungen nur bedingt fähig.
Allerdings haben mich die Auftritte in Ost-Berlin unmittelbar mit der dortigen Realität konfrontiert und zum Nachdenken gebracht. Wir haben darüber geredet und die eigene Wahrnehmung hinterfragt. Nicht zuletzt begannen wir zu honorieren, dass sich hier Leute gegen das System stemmten, in welcher Form auch immer.

Das zweite Konzert nahm dann, gelinde gesagt, einen unerwarteten Verlauf?

Ich kann nicht mehr genau nachvollziehen, was im Einzelnen geschah, doch die Abläufe sind klar. Links von uns – wir spielten vorn am Altar – versuchten die Skinheads, sich durch eine Eingangstür Zutritt zu verschaffen. Schnell machte sich Unruhe breit, und die Leute versuchten, die Tür zuzuhalten. Meines Erachtens konnten die Skinheads nicht in die Kirche eindringen. Draußen ist es aber wohl zu Schlägereien gekommen.
Als der Spuk vorbei war, erzählte man uns, dass die Stasi und die Polizei, die Vopos, schon vor dem Überfall patrouilliert seien und das Terrain im Grunde genommen unter Beobachtung stand. In späteren Gesprächen erhärtete sich diese Version dann. Die Staatsmacht wollte anscheinend zwei Fliegen mit einer Klappe schlagen. Die Skins sollten denen von der Umweltbibliothek mal richtig die Mütze vollhauen. Ob die Skins dann verhaftet würden oder nicht, war zunächst egal. Als sich das aber aufgrund von öffentlichem Druck nicht mehr vermeiden ließ, wollte man durch die Prozesse gleich noch zeigen, wie antifaschistisch das Regime doch war.

Sie haben sich selbst als politisch links bezeichnet. Haben das Konzert oder dessen Folgen ihr Bild von der damaligen DDR verändert?

Ja, es war klar, dass es auch im Osten – im Gegensatz zu den offiziellen Verlautbarungen – Skinheads gibt. Und zwar nicht zu knapp. Es entstand bei mir der Eindruck, das System würde die Skins für eigene Ziele nutzen. Durch diese Diskrepanz zwischen Realität und verordnetem Antifaschismus hat die DDR den Neofaschismus im Grunde genommen forciert. Die Folgen wurden dann ja nach 1989 bei den vielen Übergriffen und Toten sehr schnell sichtbar.

Sie sind nach den beiden Konzerten nicht mehr in der DDR aufgetreten. War das Zufall oder eine bewusste Entscheidung?

Das war Zufall. Es kam keine neue Anfrage. Aber wir haben direkt nach dem Mauerfall im Klub „Gérard Philipe“ gespielt. Außerdem haben wir nie so ein großes Bohai um das Ost-West-Ding gemacht. Wenn nicht gerade derart außergewöhnliche Dinge passieren wie am 17. Oktober 1987, dann ist ein Konzert für uns ein Konzert. Im Osten kommen seit 1990 etwa ebenso viele Zuhörer wie im Westen. Das ist bis heute so.

Schauen wir noch einmal auf das Jahr 1987. Wenige Wochen nach Ihrem zweiten Konzert besetzte das Ministerium für Staatssicherheit die bereits mehrfach erwähnte Umweltbibliothek und zielte damit auf die gesamte Opposition in der DDR. Haben Sie diese Ereignisse wahrgenommen?

Ich habe das natürlich verfolgt, eher passiv, von West-Berlin aus. Ich hatte ja immer noch Kontakt zu Silvio Meier gehabt und war daran interessiert zu erfahren, wie es ihm und seinen Mitstreitern ging. Er hatte mit dem Konzert in ein Wespennest gestochen. Damit meine ich nicht nur den Zusammenprall mit den Nazis, sondern überhaupt den Umstand, dass so viele Leute gekommen waren, zu einem illegalen Konzert mitten in Ost-Berlin. Die Razzia zielte ja nicht nur auf die Umweltbibliothek, sondern auch auf die Kirche, die sie gedeckt, ihr Raum und Arbeitsmöglichkeiten zur Verfügung gestellt hatte. Auch die Konzerte hatten in einer Kirche stattgefunden. Das Regime wollte offensichtlich ein Zeichen setzen, zeigen, dass man gewisse Entwicklungen nicht zu dulden bereit war. Wenn zu einem solchen Konzert schon tausend Leute kamen, wer konnte dann garantieren, dass es bei der nächsten Aktion nicht 3.000 sein würden? Und wer garantierte, dass die dann nicht irgendwann auf die Straße gehen würden?
Insofern, denke ich, stellt das Jahr 1987 einen Wendepunkt auf dem Weg zur Friedlichen Revolution von 1989/90 dar. Denn die Konflikte, die dann so massiv wurden, traten hier erstmals deutlich zutage, und die Leute versteckten sich nicht mehr, sondern nahmen aktiv Anteil. Diktatur und Öffentlichkeit – das verträgt sich eben nicht.

Herr Ilja, ich danke Ihnen für das Gespräch.

Günter Schabowski, geb. 1929, 1987 Mitglied des Politbüros der SED und 1. Sekretär der Bezirksleitung Berlin der Partei, nach 1989/90 kritische Auseinandersetzung mit der DDR-Geschichte.

Innenansichten. Die SED-Führung 1987

Jens Schöne: Herr Schabowski, mit der Politik von Perestroika und Glasnost verband die Bevölkerung der DDR Mitte der 1980er Jahre die Hoffnung auf gesellschaftliche Veränderungen. Wie wir wissen, waren diese Hoffnungen vergebens. Wurde die Möglichkeit eines Kurswechsels in der SED-Führung zumindest intern diskutiert?

Günter Schabowski: Nein. Es wurde geschwiegen. Im Politbüro gab es keine Diskussionen darüber. Das Politbüro verhielt sich zu den Vorgängen in Moskau, der Glaubenszentrale, geziemend, d.h. zurückhaltend. Aufschlussreicher verliefen die Mittagessen nach den dienstäglichen Sitzungen des Politbüros. Hier versuchte insbesondere Günter Mittag zu provozieren, bezog sich auf Meldungen aus dem Westfernsehen oder in der *Prawda* über Äußerungen Gorbatschows. Doch keiner reagierte, alle aßen schweigend weiter oder mieden das Thema. Honecker beobachtete die Szenerie, sagte ebenfalls kein Wort. Das war ganz klar eine Art Abtasten, Loyalitätsprüfungen. Die eigentlichen Probleme, die Chancen, die Perestroika und Glasnost der DDR vielleicht hätten bieten können, wurden nicht besprochen

Dabei bestand dringender Handlungsbedarf. Allein die ökonomische Lage war fatal: Im November 1987 wurde für das laufende Jahr intern ein Minus von 3,8 Milliarden Mark vorhergesagt. Das waren Größenordnungen, die man spätestens seit dem Milliardenkredit aus der Bundesrepublik überwunden glaubte.

Als Kommunisten ließen wir uns dadurch nicht im Geringsten beeindrucken. Insbesondere die Kredite aus dem Westen raubten uns nicht den Schlaf, und das aus zwei Gründen. Wir hatten Anleihen bei kapitalistischen Banken genommen, und damit ohnehin nur zurückgeholt, was die Ausbeuter – zumindest nach der reinen Lehre des Marxismus-Leninismus – aus dem Proletariat herausgepresst hatten. Moralische Bedenken fielen damit von vornherein aus. Politisch-ökonomisch sahen wir natürlich die Gefahr, durch die Kredite in Abhängigkeiten zu geraten. Doch wir begriffen uns als kommende Sieger der Geschichte, letztlich würde sich die Überlegenheit unseres Gesellschaftssystems ohnehin erweisen. Und was sollte so schlecht daran sein, sich bis dahin von den Kapitalisten finanzieren zu lassen? Als eigentliches Problem sollten sich aber die Zinsen herausstellen. Die wurden immer drückender, und wir mussten auf den Westmärkten immer mehr Valuta erwirtschaften, um wenigstens die zahlen zu können. An eine Rückzahlung der Kredite war ohnehin nicht zu denken, aber solange die Zinsen bedient wurden, war das eigentlich kein Problem. Als Bürge stand dahinter ja ein ganzer Staat. Und da mit dessen plötzlichem Verschwinden nicht zu rechnen war, schienen die Anlagen für die Kreditgeber gesichert. Tatsächlich sollte es aber immer schwieriger werden, selbst die finanziellen Mittel für die Tilgung der Zinsen aufzubringen, spätestens Anfang 1989 war klar, dass sich daraus ernsthafte Probleme für uns entwickeln könnten. 1987 jedoch spielte das noch keine Rolle bzw. wurde ignoriert.

Die Zukunft schien gesichert?

Zumindest wiegten wir uns in dieser Illusion. Natürlich gab es einige Unsicherheiten, nicht zuletzt durch die bereits erwähnten politischen Veränderungen in Moskau. Im Grunde aber waren wir überzeugt, auf dem richtigen Wege zu sein. Insbesondere den Besuch Honeckers in Bonn sahen wir als Triumph, nicht nur für uns, sondern für das gesamte sozialistische Lager. In ihrer Bedeutung kam diese Reise dem UNO-Beitritt der DDR gleich, denn damit erkannte unser „Feindbruder" und hartnäckigster Widersacher, die Bundesrepublik, de facto ihre Alternative, die sozialistische Gesellschaftsordnung auf deutschem Boden, an. So nahmen wir das zumindest wahr.

Honecker selbst sah die Tage in der Bundesrepublik als einen Höhepunkt seiner politischen Laufbahn, zugleich rumorte es jedoch im Inneren des Landes. Wenige Wochen nach seiner Rückkehr wurde deutlich, dass es weitreichende Diskrepanzen zwischen der SED-Führung und Teilen der Bevölkerung gab. Zumindest das muss Sie doch beunruhigt haben.

Es hat in der gesamten Geschichte der DDR immer wieder Situationen gegeben, in denen es so schien, als würde das innere Konfliktpotenzial zu einer Bedrohung der bestehenden Verhältnisse werden. Denken Sie nur an die Selbstverbrennung von Oskar Brüsewitz im Jahr 1976 und die Folgen oder an die immer wieder anschwellenden Fluchtbewegungen. Doch die damit verbundenen Herausforderungen ebbten ja auch immer wieder ab.

Wir gewöhnten uns daran. Wir waren natürlich nicht so naiv, dass wir das gänzlich unberücksichtigt gelassen hätten, aber ein besonderes Anwachsen der Opposition bemerkten wir 1987 nicht. Das schien sich alles im für uns üblichen Rahmen zu bewegen. Also spielte es auch im Politbüro keine besondere Rolle. Wäre es dort auf die Tagesordnung gekommen, hätten wir uns eingestanden, dass es ernsthafte Probleme gibt. Und das kam natürlich nicht in Betracht.
Dennoch bekamen wir in besonderen Situationen Informationen von Mielke, in Gestalt von Akten-Umläufen, die wir zur Kenntnis nahmen. Man erhielt ein oder zwei Berichte, sah sie durch und reichte sie weiter. Die praktischen Aspekte behandelte das Ministerium für Staatssicherheit, und Mielke hielt wöchentlich Zwiesprache mit Honecker. Was dort besprochen wurde, weiß man bis heute ja nicht. Rückblickend aber ist für mich allein die Tatsache, dass diese Berichte überhaupt auf den Tisch kamen, ein klarer Hinweis darauf, dass es schwerwiegende Probleme gab. Aber wie gesagt, das ist die heutige Perspektive.

Sie waren damals nicht nur Mitglied des Politbüros, sondern auch Erster Sekretär der SED-Bezirksleitung Berlin. Damit fiel die 750-Jahr-Feier der Stadt in Ihre Zuständigkeit. Welche Bedeutung wurde den Feierlichkeiten zugemessen?

Das wurde zu einer besonderen Herausforderung oder Bewährungsprobe für die Berliner Parteiorganisation deklariert. Es war absolute Chefsache. Alle wichtigen Entscheidungen wurden auf der Parteischiene getroffen. Honecker ließ sich laufend Bericht erstatten, wenn er nicht selbst in die Vorbereitung eingriff. Schon 1985 war ein eigenes Komitee gegründet worden, dem er vorstand. Der Oberbürgermeister und der Magistrat der Stadt waren zwar eingebunden, hatten im Prinzip aber nur ausführende Funktionen. Bei alledem hatten wir nicht nur den Westen im Blick. Es sollte auch eine Art Demonstration sein, dass wir „sozialistische Lockerheit" gegen den suspekten Reformismus Gorbatschows zu setzen gedachten.

Trotz der leeren Kassen scheint Geld keine Rolle gespielt zu haben. Die Feiern dauerten das ganze Jahr und wurden mit großem Pomp inszeniert. Worauf zielte das ab?

Da kommt einiges ins Spiel, was bereits angeklungen ist. In Berlin sollte die Leistungsfähigkeit der DDR demonstriert werden, die Feier sollte ein richti-

ger Kracher werden. Das richtete sich zunächst einmal unausgesprochen gegen die Reformversuche Gorbatschows. Gerade Honecker wollte zeigen, dass die DDR modern, ihre Bevölkerung fröhlich und systemkonform ist. Das zielte, wie gesagt, auch gegen die Perestroika. Sie befand sich ja noch in einer Entwicklungsphase, war keine fest umrissene Politik, sondern eher eine tastende Versuchsreihe. Dagegen nun wurde die nach eigener Deutung erfolgreiche Politik der SED gesetzt, die sich im Jubiläum Berlins scheinbar ungebrochen widerspiegelte. Jeder, der die Provinz bereiste, konnte sehen, dass Berlin nicht der Normalfall war, doch es war die dortige Inszenierung, die vor allem nach außen drang. Natürlich durfte man das in Richtung Moskau nicht übertreiben, denn wir waren ja noch immer Satellit und unterlagen der Lagerraison. Aber: Wer so erfolgreich regierte, wie das die 750-Jahr-Feiern suggerierten, der musste nicht wirklich den eigenen Kurs ändern. Das war schon ein klares Zeichen.
Zweitens richtete sich das alles natürlich gegen die Bundesrepublik. Man darf nicht vergessen, dass wir trotz der Entspannungspolitik der vorhergehenden Jahre in unmittelbarer Konkurrenz zueinander standen. Im besten Falle sollte West-Berlin im direkten Vergleich zur Bedeutungslosigkeit schrumpfen. So nach dem Motto: Hier, im Osten, etabliert sich die wirkliche Hauptstadt, blüht das geistige und kulturelle Leben. Ich denke, der eine oder andere hat sich dadurch womöglich und zeitweilig blenden lassen. Doch es sollte sich dann ja sehr schnell zeigen, dass hinter all dem Pomp keine dauerhafte Substanz stand.

Wie erklären Sie sich vor dem Hintergrund des bisher Gesagten, dass nur zwei Jahre später unzählige Menschen auf die Straße gingen, die SED ihre Macht verlor und letztlich auch die DDR aufhörte zu existieren?

Das geschah alles gar nicht so plötzlich, wie es auf den ersten Blick aussieht. Zugrunde lag eine kontinuierliche Zuspitzung der Situation. Trotz der deutlichen Differenzierungen, die sich – zögerlich zwar – auch im Politbüro anbahnten, haben wir unsere Sprachlosigkeit zu spät verloren, zu wenig drang nach außen. Zugleich hatte das Unbehagen in der Bevölkerung immer mehr zugenommen und wandelte sich in opponierende Aktivität. Es war zu vermuten, dass die Sowjetunion unter Gorbatschow nicht direkt eingreifen würde. Das gab dem Prozess natürlich eine ganz eigene Dynamik. Dennoch ist der Mut derjenigen, die damals auf die Straße gingen, nicht hoch genug einzuschätzen. Es war keineswegs von vornherein klar, wie die Sache ausgehen, zu welchen Gewaltakten sich die verunsicherte Macht hinreißen lassen würde. Es gehörte eine ganze Menge Courage dazu, die bestehenden Verhältnisse offen infrage zu stellen. Es war eine spontane, revolutionäre Bewegung, die sich entwickelte. Mit den bekannten Folgen.

Herr Schabowski, ich danke Ihnen für das Gespräch.

6. Weiterführende Literatur

Da detaillierte Untersuchungen zum Jahr 1987 bisher fehlen, bezieht sich die angeführte Literatur allgemein auf die DDR der 1980er Jahre. Berücksichtigt wurden nur Monografien, Sammelbände u. ä.; zu den verstreut erschienenen Aufsätzen vgl. die Fußnoten. Weitere Literaturhinweise finden sich in den genannten Publikationen.

750 Jahre Berlin. Das Buch zum Fest, hg. vom Komitee der Deutschen Demokratischen Republik zum 750jährigen Bestehen von Berlin, Berlin 1986.

Das Bilderbuch vom Festumzug. 4. Juli 1987, hg. von der Berlin-Information, Berlin 1987.

Bärbel Bohley/Gerald Praschl/Rüdiger Rosenthal, Mut. Frauen in der DDR, München 2005.

Eberhard Diepgen (Hg.), Nicht der Geschichte letztes Wort. 21 ausgewählte Berliner Reden aus dem Jahr 1987, Berlin 1987.

Eberhard Diepgen, Zwischen den Mächten. Von der besetzten Stadt zur Hauptstadt, Berlin 2004.

Sonja Eckert, Die 750-Jahr-Feiern Berlins 1987. Vorbereitung, strategische Ziele und Berlin-Bild in Ost und West, Berlin 2001.

Christoph Geisel, Auf der Suche nach einem dritten Weg. Das politische Selbstverständnis der DDR-Opposition in den 80er Jahren, Berlin 2005.

Jens Gieseke, Mielke-Konzern. Die Geschichte der Stasi 1945-1990, München 2006.

Hans-Hermann Hertle/Stefan Wolle, Damals in der DDR. Der Alltag im Arbeiter- und Bauernstaat, München 2004.

Georg Holmsten (Hg.), Die Berlin-Chronik. Daten, Personen, Dokumente, Düsseldorf 1990.

Erich Honecker, Moabiter Notizen, Berlin 1994.

Matthias Judt (Hg.), DDR-Geschichte in Dokumenten. Beschlüsse, Berichte, interne Materialien und Alltagszeugnisse, Berlin 1997.

Helmut Kohl, Erinnerungen 1982-1990, München 2005.

Ilko-Sascha Kowalczuk/Tom Sello, Für ein freies Land mit freien Menschen. Opposition und Widerstand in Biographien und Fotos, Berlin 2006.

Ulrich Mählert, Kleine Geschichte der DDR, München 1998.

Detlef Nakath/Gerd-Rüdiger Stephan, Von Hubertusstock nach Bonn. Eine dokumentierte Geschichte der deutsch-deutschen Beziehungen auf höchster Ebene 1980-1987, Berlin 1995.

Ehrhart Neubert, Geschichte der Opposition in der DDR 1949-1989, Berlin 1997.

Theo Pirker/M. Rainer Lepsius/Rainer Weinert/Hans-Hermann Hertle, Der Plan als Befehl und Fiktion. Wirtschaftsführung in der DDR. Gespräche und Analysen, Opladen 1995.

Norbert F. Pötzl, Erich Honecker. Eine deutsche Biographie, München 2002.

Lutz Rathenow/Harald Hauswald, Ostberlin. Die andere Seite einer Stadt in Texten und Bildern, München 1987.

Hans J. Reichhardt (Hg.), Berlin in Geschichte und Gegenwart. Jahrbuch des Landesarchivs Berlin 1988, Berlin 1988.

Wolfgang Ribbe, Berlin 1945-2000. Grundzüge einer Stadtgeschichte, Berlin 2002.

Klaus Schroeder, Der SED-Staat. Partei, Staat und Gesellschaft 1949-1990, München/Wien 1998.

Juliane Schütterle, Die Sonderstellung Ost-Berlins in der Volkswirtschaft der DDR in den Zweigen Handel/Versorgung und Bauwesen 1971-1989, unveröffentlichte Magisterarbeit, Jena 2003.

André Steiner, Von Plan zu Plan. Eine Wirtschaftsgeschichte der DDR, München 2004.

Krijn Thijs, Elastische Geschichte. Berlin und drei Erzählungen seiner Vergangenheit, unveröffentlichte Dissertation, Amsterdam 2005.

Stefan Wolle, Die heile Welt der Diktatur. Alltag und Herrschaft in der DDR 1971-1989, Berlin 1998.

7. Abkürzungen

Abt.	Abteilung
AKG	Auswertungs- und Kontrollgruppe
allg.	allgemein
ASt.	Außenstelle
BArch	Bundesarchiv, Berlin
Bd.	Band
BRD	Bundesrepublik Deutschland
BStU	Bundesbeauftragte für die Unterlagen des Staatssicherheitsdienstes der ehemaligen DDR
CDU	Christlich Demokratische Union
DA	Deutschland Archiv
DDR	Deutsche Demokratische Republik
ders.	derselbe
dies.	dieselbe
ebd.	ebenda
EM	Europameisterschaft
FDGB	Freier Deutscher Gewerkschaftsbund
HA	Hauptabteilung
Hg.	Herausgeber
ICC	Internationales Congress Centrum Berlin
Kfz	Kraftfahrzeug
KL	Kreisleitung
KPdSU	Kommunistische Partei der Sowjetunion
LAB	Landesarchiv Berlin
LStU	Landesbeauftragte/r für die Unterlagen des Staatssicherheitsdienstes der ehemaligen DDR
MDA	Matthias-Domaschk-Archiv, Berlin
MdI	Ministerium des Innern
MfS	Ministerium für Staatssicherheit
NBI	Neue Berliner Illustrierte
ND	Neues Deutschland
Nr.	Nummer
NSA	nicht-sozialistisches Ausland
NVA	Nationale Volksarmee
NZZ	Neue Zürcher Zeitung
o. D.	ohne Datum

OV	Operativer Vorgang
PS	Personenschutz
Rep.	Repositur
SAPMO	Stiftung Archiv der Parteien und Massenorganisationen im Bundesarchiv, Berlin
SED	Sozialistische Einheitspartei Deutschlands
StAufarb	Archiv der Stiftung Aufarbeitung, Berlin
Str.	Straße
taz	die tageszeitung
UB	Umweltbibliothek
UdSSR	Union der Sozialistischen Sowjetrepubliken
USA	Vereinigte Staaten von Amerika
vgl.	vergleiche
VP	Volkspolizei
WB	West-Berlin
ZAIG	Zentrale Auswertungs- und Informationsgruppe
ZK	Zentralkomitee
ZOS	Zentraler Operativstab

Über den Autor

Jens Schöne
geb. 1970; Dr. phil.; nach landwirtschaftlicher Ausbildung Studium der Neueren und Neuesten Geschichte sowie Anglistik und Amerikanistik; 2004 Promotion; 2004 bis 2006 Mitarbeiter der Stiftung zur Aufarbeitung der SED-Diktatur; seit 2006 Referent beim Berliner Landesbeauftragten für die Stasi-Unterlagen; Veröffentlichungen zur Wirtschafts- und Sozialgeschichte der DDR, u. a. Frühling auf dem Lande? Die Kollektivierung der DDR-Landwirtschaft, Berlin 2005.